Dieter F. Ahrens

Gewinnen Sie Zeit
Planen Sie Ihre Wünsche

Zum Autor:
Dieter F. Ahrens lebt in Bremen. Er ist Wirtschaftstrainer und Seminarleiter im Bereich der Persönlichkeitsbildung und Herausgeber eines regelmäßig erscheinenden Informationsbriefes für Führungskräfte.

Dieter F. Ahrens

Gewinnen Sie Zeit Planen Sie Ihre Wünsche

Wie Sie sich Ziele setzen und Ihr Leben planen

mvg verlag

CIP-Titelaufnahme der Deutschen Bibliothek

Ahrens, Dieter F.:
Gewinnen Sie Zeit – Planen Sie Ihre Wünsche : wie Sie sich
Ziele setzen u. Ihr Leben planen / Dieter F. Ahrens. –
Landsberg am Lech : mvg-Verl., 1988
(mvg-Paperbacks ; 396)
ISBN 3-478-03960-6
NE: GT

8910 Landsberg am Lech
Umschlaggestaltung: Gruber & König, Augsburg
Druck- und Bindearbeiten: Presse-Druck Augsburg
Printed in Germany 030 960/388802
ISBN 3-478-03960-6

Mein aufrichtiger Dank gilt

Anette Gusy,
Eva Steckenleiter,
Franz Feldbausch,
Manfred Steinkühler,
Werner Zingler,

ohne deren Beteiligung dieses
Buch nicht hätte entstehen können.

Die sieben Schritte zu Erfolg, Glück und Harmonie

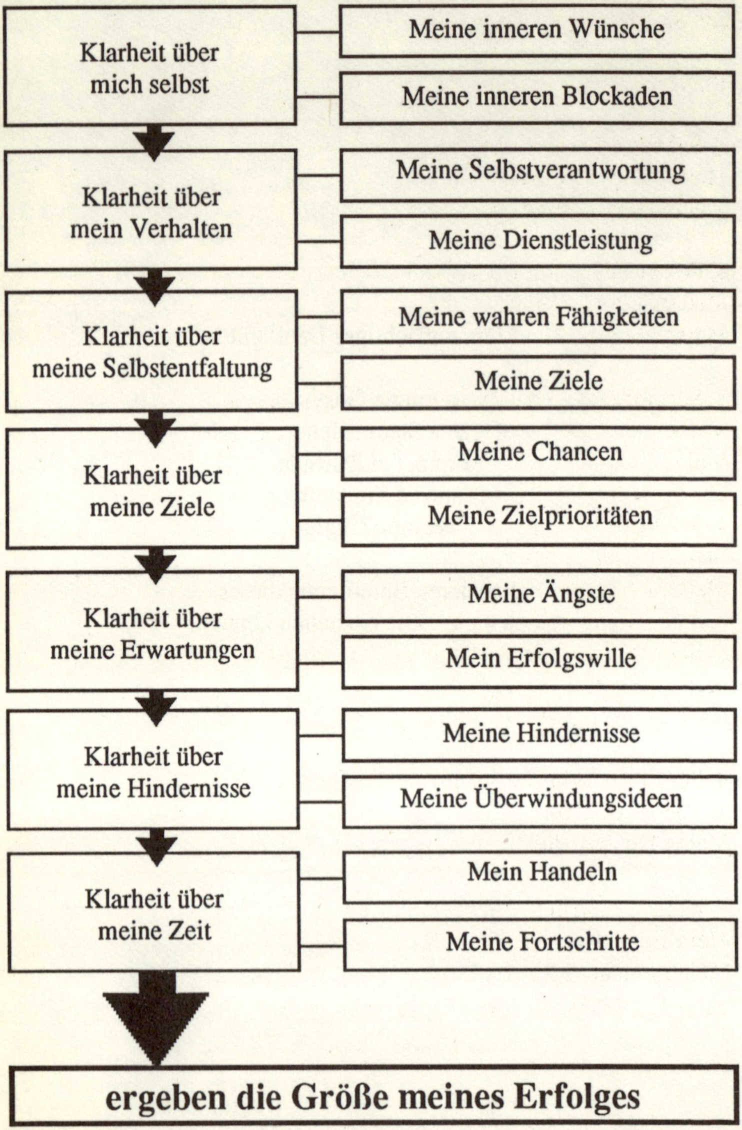

Inhalt

Vorwort

Warum sind manche Menschen erfolgreicher als andere?

Über diese Frage wird sehr oft nachgedacht, geredet und geschrieben. Und immer wieder hat man erfolgreiche und glückliche Menschen unter die Lupe genommen, um hinter das Geheimnis ihres Lebens zu kommen.

Gründliche Untersuchungen dieser Art - zum Beispiel mit erfolgreichen Führungskräften und Spitzenverkäufern aus allen Bereichen der Wirtschaft - geben Antwort auf die Frage nach den Ursachen des Erfolgs. Dabei müssen wir zunächst zwei vorherrschende Vorurteile aufgeben:

> 1. Den Menschentyp des Erfolgreichen gibt es nicht: Kein Mensch gleicht einem anderen. Auch erfolgreiche Menschen machen darin keine Ausnahme. Im Gegenteil: Gerade die erfolgreichsten Menschen sind meist sehr eigenwillige, unverwechselbare Persönlichkeiten, die sich mit keiner Einheitsschablone messen lassen.
>
> 2. Es gibt kein Patentrezept für Erfolg und Glück: Erfolgsmethoden gibt es genügend. Aber keine dieser Methoden garantiert den Erfolg unfehlbar. Entscheidend bleibt immer, wer sie anwendet und wie. Wenn zwei das gleiche tun, ist es längst nicht das gleiche: Eine Methode bildet immer nur den Ausgangspunkt und muß vom Praktizierenden mit Leben erfüllt werden.

Wenn aber weder die Methode noch ein bestimmter Menschentyp den Erfolg und die Zufriedenheit ausmachen, was unterscheidet dann Erfolgreiche von weniger Erfolgreichen? - Unter den Faktoren, die Erfolg und Zufriedenheit beeinflussen, findet sich einer, der offenbar den Ausschlag gibt:

☐ Erfolgreiche und glückliche Menschen sind immer ganz sie selbst. Sie sind mit sich selbst im Einklang. Ihr Verhalten entspricht den Grundzügen ihrer Natur. Sie haben sich selbst erkannt. Sie kennen ihre inneren Wünsche und Fähigkeiten. Sie leben *ihr* Leben. Ihre Lebensentfaltung entspricht dem Wunsch ihrer Seele. Deshalb wirken sie echt und überzeugend und hinterlassen nachhaltigen Eindruck.

☐ Weniger erfolgreiche Menschen dagegen ahmen fremde Vorbilder nach und sind auf der Suche nach Erfolg und Glück. Sie praktizieren Techniken, die wenig mit ihrer eigentlichen Persönlichkeit zu tun haben, oft sogar im Widerspruch zu ihr stehen. Deshalb erreichen sie trotz enormer Anstrengung und größter Routine nicht viel und wirken schwach und unglaubhaft. Denn bei jedem menschlichen Kontakt nimmt der Partner nicht nur die mit Verstand und Vernunft faßbaren Worte und Argumente des anderen auf, sondern registriert zugleich auch die Wirkung der gesamten Persönlichkeit. Und diese - meist unbewußt aufgenommenen - Signale der Persönlichkeit sind oft entscheidender als die gesprochenen Worte.

Daraus folgt: Wer sich über sich selbst Klarheit verschafft, gewinnt Einblick in seine individuellen Fähigkeiten, seine Möglichkeiten und Grenzen. Er beginnt, die tieferen Ursachen seiner Erfolge und Mißerfolge zu verstehen, und kann dadurch lernen, seine Erfolge zu steigern und Mißerfolge zu vermeiden.

Durch besseres Wissen über sich selbst kann er innere Blockaden erkennen und auflösen. Er kann seine wahren inneren Wünsche entdekken und verwirklichen. Er kann sich Ziele und Wertvorstellungen wählen, die seiner Natur entsprechen, anstatt falsche Ziele und falsche Wertvorstellungen zu verfolgen, mit denen der Mißerfolg und die Unzufriedenheit bereits vorprogrammiert sind.

Wer sich selbst besser kennenlernt und damit die Möglichkeit gewinnt, sich selbst in seiner ganz individuellen Weise zu verwirklichen, der wird auch leichter mit sich selbst ins reine kommen. Das ist die wichtigste Voraussetzung für den Erfolg, denn wer mit sich selbst nicht zurechtkommt, hat es noch schwerer, mit anderen fertig zu werden. Wer dagegen mit sich selbst in Harmonie ist, ist glücklich, kann besser auf andere zugehen und ist leichter erfolgreich.

Ich selbst beschäftige mich seit Jahren mit der Entfaltung des ungenutzten menschlichen Potentials. Dazu habe ich mich auch immer wieder mit Zeitplanungs- und Arbeitsmethoden beschäftigt. Eines jedoch vermißte ich immer: Ein Zeit- und Lebensplanungssystem, das nicht nur die rationalen Möglichkeiten, sondern auch die geistig-seelischen Möglichkeiten des Menschen fördert.

Da ich im *idé Zeitplan- und Lebensmanagement-System TM 2* gute Voraussetzungen zum Aufbau einer Lebensplanung vorfand, habe ich gezielt diesen Bereich weiterentwickelt. Die geistig-seelische Ebene ist mit der rationalen Zeitplanung zu einer umfassenden Lebensplanung verknüpft worden, um den Menschen zu helfen, die Wert auf eine weitgehend selbstbestimmte Zukunft legen und ihr Leben in Richtung Selbstverwirklichung, Erfolg, Glück und Zufriedenheit entfalten wollen.

Dieses Buch soll Ihnen als Werkzeug dienen, sich selbst besser zu erkennen, zu entfalten und soll zugleich Kontrollhinweise geben, wie Sie auf diesem Weg bleiben.

Es liegt an Ihnen, ob Sie diesen Weg beschreiten; niemand kann es Ihnen abnehmen. Die individuelle Entfaltung Ihres Lebens liegt in Ihrer persönlichen Verantwortung. Aber wenn Sie wirklich an mehr Erfolg und Zufriedenheit auf allen Lebensgebieten interessiert sind, wird Ihnen dieses Buch geben, wonach Sie vielleicht schon länger suchen.

Ich wünsche Ihnen den Mut und die Kraft, Ihr Leben, Ihren persönlichen Erfolg und Ihre Zufriedenheit zu verbessern.

Ihr Dieter F. Ahrens

Klarheit über mich selbst — **Meine inneren Wünsche**

Seelische und materielle Befriedigung

Wünsche sind Lebenshoffnungen, sind gedankliche Vorstellungen, die wir täglich ins Universum entlassen, damit sie zu uns zurückkehren als seelische oder materielle Befriedigung. Unerfüllte oder vorenthaltene Wünsche führen zu Unzufriedenheit und Frustrationen.

Entfaltung

Die bewußte Beschäftigung mit unseren inneren Wünschen heißt nichts anderes, als sich selbst ein wünschenswertes Programm zur umfassenden Lebensentfaltung zu erarbeiten.

Lebensgesetze

Die Kraft unserer wahren Persönlichkeit zeigt sich, wenn wir vollkommen mit den Naturgesetzen und Lebensprinzipien übereinstimmen.

Herzenswünsche

Wir müssen unsere wahre Bestimmung - unsere Herzenswünsche - entdecken und ausleben. Wir müssen uns selbst gefunden haben und mit unseren Wünschen zutiefst verhaftet sein, damit sie in Erfüllung gehen.

Erfolg durch Harmonie

Die bewußte Auseinandersetzung mit uns selbst stellt die Weichen unseres Erlebens. Selbsterkenntnis ist ein vorzügliches Hilfsmittel gegen Abgeschlagenheit und Ermüdung. Sie ist der erste Schritt zu uns selbst und damit zu Harmonie und Erfolg in unserer Lebensführung.

Platon sagte: "Die Wiederherstellung der Harmonie und die Rückkehr zur Natur sind eine ewige Quelle der Freude."

Wann erfüllen sich Wünsche?

Der kleine Unterschied

Diese Frage beschäftigt wohl jeden von uns, wissen wir doch, daß einige Menschen sich wirklich bemühen und kaum etwas erreichen, während anderen das Glück in den Schoß zu fallen scheint. Studiert man dann den Werdegang der Erfolgreichen, so erkennt man auf Anhieb:

- Die Stärke des Wunsches ist die Kraft, die Erfüllung ermöglicht.

Wunschkraft wirkt Wunder

Unter den Erfolgreichen befanden sich oft Personen, die von den äußeren Bedingungen her eigentlich sehr benachteiligt waren, aber trotzdem ihr Glück machten. Sie waren dennoch in der Lage, ihre Wünsche durch die Stärke ihres Wunsches dennoch verwirklichen zu können. Von der Stärke eines Wunsches hängt meist die Erfüllung ab; nicht nur von der Intelligenz oder dem Können und Vermögen des Wünschenden.

Eine wahre Begebenheit

An einem authentischen Beispiel möchte ich Ihnen die unvorstellbare Kraft eines innersten Herzenswunsches deutlich machen: Es ist die Geschichte eines amerikanischen Spielwarenfabrikanten. Sie nahm im Jahr 1969 ihren Anfang. Zu dieser Zeit wurde dem Spielwarenfabrikanten seine innere Unzufriedenheit deutlich bewußt. Hatte er sich doch immer mehr Erfolg vorgestellt. Irgendwie war er besessen von der Vorstellung, eines Tages ganz groß herauszukommen. Doch bis damals war ihm dies nicht gelungen.

Innere Unzufriedenheit

So sprach er mit seinen Mitarbeitern und Abteilungsleitern über seine Unzufriedenheit, über seinen innigen Wunsch, doch einmal einen wirklich großen Schritt beim Ausbau seiner Firma voranzukommen. Dieses Gespräch stieß bei seinen Mitarbeitern auf völliges Unverständnis. Sie waren der Meinung, daß doch alles zum Besten bestellt war. Die Firma lief doch gut.

Der Weg zur Vollkommenheit

Der Spielwarenfabrikant war anderer Meinung. Er sagte: "Der Mensch muß immer bestrebt sein, noch Größeres und Besseres zu vollbringen. Er darf nie aufhören, neue Wünsche zu entwickeln und sich Ziele zu setzen."

Wunsch nach Spitzenleistung

So eröffnete er seinen Mitarbeitern und Abteilungsleitern seinen inneren Wunsch, ein Produkt zu entwickeln, mit dem seine Firma in den USA und der übrigen Welt zu einem anerkannten Spitzenunternehmen würde. Er machte deutlich, daß es sich um etwas handeln müßte, mit dem ein deutlicher Vorsprung vor der Konkurrenz erzielt werden könnte.

Rational angelegte Fehlschläge

Aber alle rationalen Versuche, diesen Vorsprung zu erarbeiten, waren fehlgeschlagen. Es mußte anders möglich sein.

So formulierte er seinen Wunsch: Einen außerordentlichen Erfolg, von dem die ganze Welt spricht und der sein Lebenswerk krönen sollte.

Mit Wunsch-visionen arbeiten

Fortan sagte er sich jeden Tag mehrmals, daß er die Kraft und Fähigkeit besitze, diesen Wunsch zu realisieren. Er war überzeugt, eines Tages wird ihm die Idee kommen, die seinen Wunsch Wirklichkeit werden läßt.

Die Idee per Zufall

Und so geschah es. Eines Tages erhielt er auf der Straße einen Zettel mit einem Aufruf des WWF- World Wildlife Fund, einer weltweiten Organisation zum Schutze der Tiere in der Wildnis in die Hand gedrückt. Er sah sich diesen Spendenaufruf an, und auf einmal durchfuhr es ihn, als sei er vom Blitz getroffen. Völlig klar sah er seine Idee. Sie schaute ihn an. *Der Pandabär,* das Symbol des WWF.

Innere Gewißheit

Eiligst kehrte er in seine Firma zurück. Er rief seine Designer und Abteilungsleiter zusammen, zeigte ihnen das Bild mit dem Pandabären und sagte: "Hier ist die Idee, die uns weltberühmt machen wird."

Widerspruch zu allen bisherigen Erfahrungen

Aber keiner der Mitarbeiter konnte die gleiche Begeisterung entwickeln wie der Spielwarenfabrikant. Alle rieten sie ihm von dieser Idee ab. Sie begründeten dies mit den bisher gemachten Erfahrungen, daß sie ohnehin schon zu viele Teddybären im Programm hätten, die nicht sehr gut verkauft würden. Und nun sollte ein weiterer hinzukommen. Der Spielwarenfabrikant ließ sich nicht von seiner Idee abbringen. Er ordnete die Produktion an.

Erste Flop-anzeichen

Nach fast einem Jahr bat der Verkaufsdirektor den Spielwarenfabrikanten um eine Unterredung. Er wollte erwirken, daß die Produktion der Pandabären eingestellt werde, da die Verkaufszahlen weit unter dem Durchschnitt lagen. Außerdem sollten die vollen Lager durch Sonderverkäufe abgebaut werden.

Ungebrochene innere Gewißheit

Doch es kam ganz anders. Der Spielwarenfabrikant ordnete an, die Produktion zu erhöhen. Er sagte: "Ich will, daß die Lager voll sind mit Pandabären, denn ich weiß, daß wir damit noch zum Weltgespräch werden. Ich weiß nicht warum, aber ich weiß es."

Entgegen aller Mahnungen seiner Führungskräfte, eine solche Entscheidung könnte zum Ruin führen, wurde trotz mangelnden Absatzes die Produktion nochmals erhöht.

Das Leben hatte etwas organisiert

Acht Monate später passierte etwas, was keiner vorhersehen konnte. Der US-Präsident Richard Nixon kehrte von seiner China-Reise mit einem Gastgeschenk zurück, das die ganze USA bewegte und eine riesige Nachfrage auslöste: Pandabären.

Materialisierung des Wunschtraumes

Kein Spielwarenfabrikant der USA konnte so schnell auf die Nachfrage nach Pandabären reagieren wie unser Spielwarenfabrikant, der tief aus seinem Inneren die Realisierbarkeit seines Wunsches, weltbekannt und reich mit einem konkurrenzlosen Produkt zu werden, gegen alle realen Widerstände bewiesen hatte - in völligem Vertrauen auf sein inneres Wunschgefühl. Wer hätte diese Entwicklung vorhersehen können? Unser Spielwarenfabrikant war nun im Vorteil: Keiner konnte so schnell Pandabären produzieren und verkaufen wie er. Seine Lager waren bis zum Rand mit Pandabären gefüllt. Er brauchte nur noch auszuliefern, was die Welt verlangte. Sein sehnlichster Wunsch wurde Realität.

Der Konkurrenz weit voraus

Magische Wunschkräfte

In diesem Beispiel wird sicher auch für Sie nachvollziehbar, über welche geradezu magischen Kräfte unsere wahren Wünsche verfügen. Nutzen Sie dieses Phänomen.

Bedenken Sie: Die erforderliche Wunschstärke kann man nicht einfach herbeizaubern noch wollen. Wie aber entwickelt man zu seinen Wünschen jeweils die Stärke, die groß genug ist, damit sie in Erfüllung gehen können?

Antrieb Motivation

Wunschstärke läßt sich auch mit den Worten Antriebskraft oder Motivation übersetzen. Lange Zeit wurden Intelligenz und Wissen als die entscheidenden Faktoren für den Erfolg angesehen: Heute wird die Selbstfindung, die Begeisterung für eine Aufgabe, als der bedeutendere Erfolgsfaktor gesehen. Entwickeln Sie daher Ihre Antriebskraft, Ihre Begeisterung und Wunschkraft zur Entfaltung Ihres Lebens.

- Sammeln Sie über einen längeren Zeitraum Ihre Wünsche und halten Sie diese schriftlich fest.

- Denken Sie bei der Wunschsuche noch nicht über die Wege zur Erfüllung nach.

- Unterscheiden Sie zwischen Ihren Wünschen und den Wünschen Ihrer Familie, Freunde, Mitarbeiter etc.

Wünsche nach Prioritäten ordnen

Um von der Fülle Ihrer Wünsche nicht erdrückt zu werden und sich bei der Verwirklichung nicht zu verzetteln, sollten Sie eine Wunschrangliste aufstellen. Die wenigsten Menschen können spontan ihre Wünsche nennen, und nur

Systematische Bewußtwerdung

sehr wenige haben sich ihre Wünsche, indem sie sie irgendwann einmal schriftlich festhielten, bewußtgemacht. Die meisten Menschen wissen gar nicht, was sie wollen. Doch genau darin liegt der erste Schritt zu mehr Lebenserfolg und Selbstzufriedenheit. Denn: Wie soll ich zufrieden und glücklich sein, wenn ich immer Wünschen und Zielen nachlaufe, die meine wirklichen inneren Bedürfnisse eigentlich gar nicht befriedigen?

Wunschbilanz

Haben Sie Ihre Wünsche erst einmal über einen längeren Zeitraum gesammelt, verfügen Sie über eine Wunschbilanz. Jetzt können Sie mit dem Bewerten und Ordnen beginnen. Stellen Sie sich dabei folgende Fragen:

- Welchen Sinn ergibt der Wunsch für mich?

- Wie wichtig ist mir die Wunscherfüllung? Bin ich bereit, dafür begeistert zu handeln?

- Worauf könnte ich genausogut verzichten?

- Ist der Wunsch durch Werbung, Trends oder durch andere Auslöser suggeriert worden?

- Entspricht der Wunsch meinen inneren Bedürfnissen oder äußerlichen wie Anerkennung, Status etc.

- Fördert der Wunsch meine Lebensentfaltung und die Entfaltung meiner Mitmenschen?
- Was ist, wenn ich mir diesen Wunsch erfüllt habe? Wie fühle ich mich dann? Warum?

Wertvolle Wünsche mit Eigendynamik

Nicht alle Wünsche sind wertvoll. Setzen Sie sich deshalb intensiv mit Ihren Wünschen auseinander, bevor Sie Ihr Herz an einen Wunsch hängen. Unter hundert Wünschen sind nur wenige, die wirklich wertvoll sind, die Ihnen Erfüllung und Selbstzufriedenheit bringen. Und nur für diese Wünsche sollten Sie bereit sein zu handeln - und zwar so zu handeln, daß die Wunscherfüllung eine sichere Folge ist. Schon der Weg zur Verwirklichung eines Wunsches wird Freude und Zufriedenheit bringen. Allein daran erkennen Sie Ihre wirklich wertvollen Wünsche.

Naturgesetz

Zufriedenheit und Glück entstehen aus wertvollen, verwirklichten Wünschen, die aus Liebe zu etwas und nicht aus Furcht vor etwas verwirklicht wurden. Beachten Sie diesen Hinweis. Wünsche, die nur aus Liebe zu sich selbst, aber unter Mißachtung anderer und deren Werte verwirklicht werden, bringen kein Glück.

Wünsche, die dagegen für Ihre Mitmenschen ebenso wertvoll sind wie für Sie persönlich, bringen wahre Erfüllung.

Lohnende Arbeit

Beschäftigen Sie sich täglich mit Ihren Wünschen. Lesen Sie Ihre Wünsche täglich. Stellen Sie sich in Ihrer Fantasie vor, wie Sie sich fühlen würden, wenn der jeweilige Wunsch bereits Realität wäre.

Durch diese ständige Auseinandersetzung fördern Sie die Stärke Ihrer Wunschkraft und damit die Chance, daß sich Ihre Wünsche auch erfüllen.

Schriftliches Festhalten

Verleihen Sie Ihren wertvollen Wünschen zudem bewußt Nachdruck, indem Sie folgendermaßen vorgehen:

- Kurzformulierungen der 10 wichtigsten Wünsche aufschreiben.
- Jeden Wunsch täglich lesen, ergänzen und verändern.
- Ideen, die zur Wunscherfüllung beitragen, zunächst sammeln - notieren.
- Wünsche, die an Bedeutung verlieren, als wertlose Wünsche entlarven und annullieren.

Aus Wünschen werden Ziele

Bei dieser Vorgehensweise kristallisieren sich mehr und mehr Ihre wahren,wertvollen Wünsche heraus, die dann zu Zielen umfunktioniert werden können.

Denkhilfe

Schauen Sie sich das folgende Musterformular an. Es soll Ihnen als Beispiel dienen und Sie dazu anregen, Ihre Wünsche über einen längeren Zeitraum systematisch aufzuschreiben. Erst dann können die aus dem Unterbewußtsein hervorgehenden Wünsche in das Bewußtsein vordringen, und erst wenn Sie Ihre wahren Wünsche kennen, können Sie daraus Ziele

Begeistertes Handeln ensteht im Inneren

entwickeln, die voller Begeisterung für die Chance auf Erfolg realisiert werden können. Steigen Sie parallel dazu nicht gleich in die Planung Ihrer Zeit ein. Auf diese Weise vermeiden Sie es, Ihre wertvolle Zeit vielleicht auf weniger wertvolle Wünsche und Ziele zu verschwenden, was sich meist erst im nachhinein feststellen läßt. Die Erfolgreichen wissen darum und setzen sich vor ihrer Zeitplanung gewissenhaft damit auseinander, worauf sie ihre kostbare Zeit verwenden wollen. So entstehen Ziele, die wertvoll und erfüllend sind.

Meine Wünsche

Nr.	Meine Wünsche	△
1.	Einen guten Vertriebsleiter für die Niederlassung Hannover finden und einstellen.	
2.	Zufriedenheit der Großkunden verbessern und dadurch eine stärkere Bindung an die Firma bewirken.	
3.	Mehr Arbeitsentlastung zugunsten von mehr Freizeit und Zeit fürs Zukunftsplanung realisieren.	
4.	Beziehung zu Jörg verbessern. Mangelndes Verständnis beseitigen. Harmonie erreichen.	
5.	Zeit mit Familie und Freunden bewußter erleben und genießen.	
	Stärker abschalten. Insbesondere:	
	– mehr zu Hause sein – häufiger segeln – Kontakt zu Rolf und Gitte	

Klarheit über mich selbst

Meine inneren Blockaden

Unsere Lebenserfahrungen und auch die Verwirklichung unserer Wünsche und Ziele werden durch unsere inneren Blockaden beeinflußt.

Innere Verhaltenssteuerung

Alles, was Sie bisher in Ihrem Leben an Erlebnissen und Erfahrungen in sich aufgenommen haben, wirkt unbewußt und autonom in jedem Augenblick Ihres Lebens.

Kindheits-ICH

Erwachsenen-ICH

Viele Menschen leiden heute noch unter den Suggestionen aus ihrer Kindheit, die sich in ihrem Unterbewußtsein festgesetzt haben. Diese Tatsache bezeichnen die Psychologen als die Wirkung des Kindheits-Ich. Dazu kommt das uns nicht bewußte Wirken Ihres Erwachsenen-Ich. Überlegen Sie einmal, ob nicht auch heute einige der Überzeugungen oder Glaubenssätze, die Sie sich selbst zugelegt haben, in Ihnen unbewußt wirksam sind.

Erfolgsblockaden

Bei Unternehmern und Führungskräften fallen mir solche Glaubensüberzeugungen immer wieder auf. Sie lauten: "Ich muß immer alles selbst in die Hand nehmen, wenn etwas klappen soll, wirklich gute Mitarbeiter findet man sehr selten," usw. Kennen Sie solche Sätze auch, oder denken Sie selbst hin und wieder so?

Von innen nach außen

Sie können sich kaum vorstellen, welchen Einfluß eine solche Denkweise auf Ihre täglichen Erfahrungen hat. Wer denkt "Heute habe ich viel zu tun, es wird sicher wieder stressig werden," muß sich über Streß nicht beklagen. Solche Gedanken wirken verursachend! Das gilt natürlich auch für alle anderen Gedanken. Erkennen Sie Ihre persönliche Verantwortung. Was Sie denken und glauben, wirkt verursachend und hat direkten Einfluß auf Ihre Lebenserfahrungen, Ihre Gesundheit und Ihren Erfolg.

Gedankeninhalte aufschreiben

Achten Sie einmal bewußt einen Monat lang auf den Inhalt Ihrer Gedanken. Schreiben Sie auf, was Sie immer wieder denken. Machen Sie sich damit Ihre inneren Begrenzungen bewußt. Glauben Sie nicht, daß Ihnen die Zeit dazu zu schade ist. Seelische und materielle Erfolge entstehen aus der Überwindung von Hindernissen. Damit sind nicht nur äußere Hindernisse gemeint, die sich Ihnen in den Weg stellen. Ihre Denk- und Glaubensinhalte sind innere Hindernisse, Hürden, die Sie sich selbst aufgebaut haben.

Arbeit an sich selbst

Räumen Sie zunächst einmal diese Hürden aus dem Weg. Arbeiten Sie an sich selbst. Machen Sie sich über einen längeren Zeitraum Ihre Denk- und Glaubensinhalte bewußt, indem Sie diese wahrnehmen und aufschreiben. Sie werden sehen, daß verschiedene Überzeugungen, die Sie einzeln betrachtet überhaupt nicht in Zusammenhang bringen würden, Rückschlüsse auf Kernüberzeugungen erlauben. Schließlich werden Sie mit großer Überraschung feststellen, warum in Ihrem Leben bisher einiges so unendlich schwer und anderes so unendlich

Erklärung für vieles

einfach war. Sie werden erkennen, warum Sie bestimmte negative Ereignisse erleben mußten: Sie selbst haben sie durch Ihr eigenes Denken in Ihr Leben gezogen; und Sie werden erkennen, daß aus diesem Grund andere Ereignisse, die Sie sich sehnlichst seit längerer Zeit wünschen, immer noch nicht eingetreten sind.

Selbsterkenntnis

Machen Sie den Versuch und finden Sie Ihre Glaubensüberzeugungen heraus. Bemühen Sie sich, trainieren Sie es umzudenken. Nach ersten kleinen Erfolgen werden Sie allmählich ahnen, welche zentrale Bedeutung unsere Geisteshaltung auf unsere Lebenserfahrungen, auf unseren Alltag hat.

Hohe Priorität

Die Überwindung der inneren Begrenzungen sollten Sie als ein Ziel höchster Priorität angehen. Doch zunächst müssen Sie erkannt haben, was es zu ändern gilt.

Immer schriftlich arbeiten

Das nachstehende Formular aus dem *idé Zeit- und Lebensmanagement - System TM 2* zeigt Ihnen, wie Sie Ihre Gedankeninhalte über einen längeren Zeitraum schriftlich sammeln können, um dann bewußt zu analysieren, welche inneren Überzeugungen Ihre jetzigen täglichen Erfahrungen steuern.

Liegen Ihnen Ihre inneren Glaubensüberzeugungen schwarz auf weiß vor, so ist es relativ leicht, zur positiven Beeinflussung Ihrer Lebenserfahrungen Schritte zur Änderung einzuleiten, wie Sie noch sehen werden.

Meine inneren Widerstände
Meine Affirmationen

!

Nr.	Meine inneren Widerstände	Nr.	Meine Affirmationen
1	Immer muß ich eingreifen, damit alles läuft.		
2	Wenn ich weitere Großkunden verliere, sieht es schlecht aus. Es ist schwer, die Preise der Konkurrenz zu erreichen.		
3.	Schade, daß Frau Engel gekündigt hat. Sie ist nicht zu ersetzen.		
4.	Uschi ist sehr verstimmt, weil ich zuwenig zu Hause bin. Erfolg und Familie lassen sich schwer vereinbaren.		wird später erläutert
5.	Seit Dörfler krank ist, steigen die Reklamationen. Ich muß mich darum kümmern.		
6.	Jörg versteht mich nicht, er nimmt keine Rücksicht auf meine Ansichten		

Klarheit über mein Verhalten — **Meine Selbstverantwortung**

Wenn Sie Ihr Leben und Ihre Erfolgsmöglichkeiten besser entfalten wollen, dann müssen Sie konsequent daran arbeiten.

Neue und unbegrenzte Wertvorstellungen

Erkennen Sie die Fähigkeit zur Selbstentfaltung, die in jedem Menschen schlummert. Wenn Sie bereit sind, Ihr Verhalten konsequent zu beobachten, die Beobachtungen schriftlich festzuhalten und auszuwerten, werden Sie zu neuen Wertvorstellungen über Ihr eigenes Leben gelangen. Sie werden Klarheit über Ihr Verhalten und die notwendigen Verhaltensänderungen erlangen. Damit sind Sie auf dem Weg, um Ihr Leben grundsätzlich zu verändern - zu verändern zum positiven, ganzheitlichen Erfolg und Glück.

Mehr erreichen

Warum sollten Sie nicht mehr erreichen, als andere Ihnen zutrauen? Vertrauen Sie auf Ihren inneren Reichtum, den Sie vielleicht noch nicht entdeckt haben. Er ist vorhanden, in Ihnen und in allen Menschen.

Gedanken bewußt steuern

Das Geheimnis des Erfolges liegt in Ihnen selbst! Wenn Sie Ihr Denken beherrschen, beherrschen Sie Ihre Erfahrungen. Wenn Sie Ihre Gedanken bestimmen, bestimmen Sie Ergebnisse.

> Jeder ist in seinem Innersten mit dem All verbunden, das in ihm gegenwärtig ist. Wir nennen diesen zentralen Wesenskern das Selbst. Wann immer wir etwas wünschen, uns mit ganzem Herzen darauf konzentrieren, nach seiner Verwirklichung streben und den Erfolg bejahen, strömen Kräfte des Alls in uns ein, die uns bei der Realisierung helfen. Jeder kann, solange er das Gute will und tut, dieser Hilfe teilhaftig werden. Sie bedient sich unserer positiven Gedanken und Gefühle als Träger und führt uns eben das zu, was die Verwirklichung ermöglicht.
>
> Henry Ford

Erfolg ist nah

Der Erfolg liegt näher, als Sie denken. Tatsächlich ist er das, was Sie denken. Wenn Sie denken: "Ich kann alles, was ich mir vornehme, zur Realität werden lassen," verursachen Sie Ihr eigenes Schicksal.

Selbstfindung

Das wahre Selbst ist seit jeher vollkommen und es ist die Aufgabe des Menschen, zu diesem wahren Selbst zurückzufinden. Wir müssen lernen,

- nicht den äußeren Umständen Macht über unser Wohlbefinden zu geben;
- unsere Entscheidungsfreiheit nur zur Auswahl unserer Ziele und Wünsche, einzusetzen, die wir in unserem Leben verwirklichen wollen.

Prüfungen meistern

Wir müssen in unser Leben hineinwachsen. Täglich haben wir etliche Prüfungen zu bestehen. Wir selbst müssen das Leben meistern. Wachsen können wir aber nur, wenn wir an uns arbeiten und uns nicht einfach treiben lassen.

Gezielte Persönlichkeitsentwicklung

Es ist längst bekannt, daß man die eigene Persönlichkeitsentwicklung ganz gezielt beschleunigen kann. Alle menschlichen Leistungen lassen sich entwickeln. Die Sporttrainer praktizieren es täglich. Die gleichen Methoden, die sie benutzen, um körperliche Höchstleistungen zu entwickeln, kann man einsetzen, um geistige und seelische Höchstleistungen entstehen zu lassen - bei sich selbst und bei anderen.

Seelische Höchstleistungen

Die Folge daraus ist, daß die körperlichen, geistigen und seelischen Aufgaben, die heute die Energie Ihres Bewußtseins beanspruchen, schneller ins Unterbewußtsein dringen. Dadurch gewinnt die Energie des Bewußtseins mehr Freiraum, wir können unser Leben besser überschauen und uns konzentrieren auf die Entwicklung unserer Ziele und Wünsche.

Positives Denken

Das verlangt kein Mehr an Intelligenz und Aufwand, sondern nur ein Mehr an positivem Denken.

Energiezuwachs

Haben Sie keine Befürchtungen, Sie würden dadurch zu einem Roboter Ihrer selbst werden. Im Gegenteil: Erst dadurch gewinnen Sie die freie Energie, um sich weiterentwickeln zu können.

Der Prozeß zur schnellen Persönlichkeitsentwicklung setzt am zuverlässigsten ein, wenn man

1. möglichst oft positiv denkt, fühlt und handelt;

2. die geistigen Gesetze dabei beachtet

3. und gezielt die Verwirklichung betreibt.

Vernetztes Bewußtsein

Alles entwickelt sich automatisch aus der Art unseres Denkens. Die beste Denkart ist diejenige, die das eigene Unterbewußtsein und das kollektive Bewußtsein der Umwelt am besten nutzbar macht. Dann wirkt der Mensch nicht mehr nur mit seinem bißchen Verstand, sondern mit der Summe seiner bewußten und unbewußten Sinne.

Nicht Sie, Ihr Verhalten soll sich ändern

Seien Sie bereit, Ihr Verhalten konsequent zu verändern. Bedenken Sie, daß nicht Sie sich ändern müssen, sondern daß sich Ihr Verhalten ändern muß. Sie können von sich selbst das beste Verhalten erwarten. Ändern Sie Ihre persönlichen Wertvorstellungen, und Sie werden erleben, wie sich automatisch Ihre Gewohnheiten und Ihr Verhalten ändern, wie Sie zu mehr Zufriedenheit und Harmonie gelangen.

Wissen, was zu ändern ist

Wenn Sie sich bisher die Mühe gemacht haben, Ihre inneren Begrenzungen, Ihre inneren Glaubensüberzeugungen längere Zeit zu beobachten und aufzuschreiben, dann können Sie jetzt eine Veränderung einleiten.

Affirmationen

Aus dem nachstehend abgebildeten Musterformular ersehen Sie sehr schnell, wie einfach es ist, einem negativen Glaubensinhalt eine positive Formulierung entgegenzusetzen. Dieses Gegengewicht nennt man Affirmation und bedeutet Bejahung, Bekräftigung, Bestätigung, Zustimmung; von lat. "firmus" = fest, stark, kräftig.

Verursachende Wirkungen

Jede Affirmation sagt aus, daß etwas *schon jetzt* so ist oder so. Dieses kann zwar den Tatsachen entsprechen, muß aber noch nicht real sichtbar sein, ist aber doch real in der unsichtbaren geistig-seelischen Dimension. Und in dieser Dimension entscheidet sich, was real werden wird. In dieser Dimension der Gedanken und Gefühle wird der Samen gesät, der als Ihre erlebbare Lebensrealität später aufgehen wird.

Meine inneren Widerstände
Meine Affirmationen

!

Nr.	Meine inneren Widerstände	Nr.	Meine Affirmationen
1.	Es wird schwer sein, Frau Engel zu ersetzen	1.	Ich finde eine ebenso gute oder bessere Kraft als Frau Engel.
2.	Karstadt will mehr Rabatt. Hoffentlich springt Karstadt nicht auch noch ab.	2.	Ich finde einen Weg, um Karstadt so zufrieden zu stellen, daß die Verbindung dauerhaft bleibt. Der Preis ist nicht wichtig, denn ich entdecke bessere Argumente + Vorteile. Es gelingt mir!
3.	Jörgs Anruf und Ansicht zeigt seine Aggressivität mir gegenüber wieder ganz deutlich.	3.	Jörg liebt mich, auch wenn sein Verhalten das nicht ausdrückt. Ich verzeihe ihm sein Verhalten und bejahe eine gute Beziehung. Sie wird besser, wenn ich fest daran glaube.
4.	Ich habe zuviel Arbeit!	4.	Ich vertraue mehr meinen Mitarbeitern und fördere damit ihren Mut, erfolgreicher zu handeln. Ich bejahe das Selbstvertrauen in jedem Mitarbeiter und fördere es durch Delegation wichtiger Aufgaben. Dies ist wahre Förderung und bringt mir mehr Freiraum!

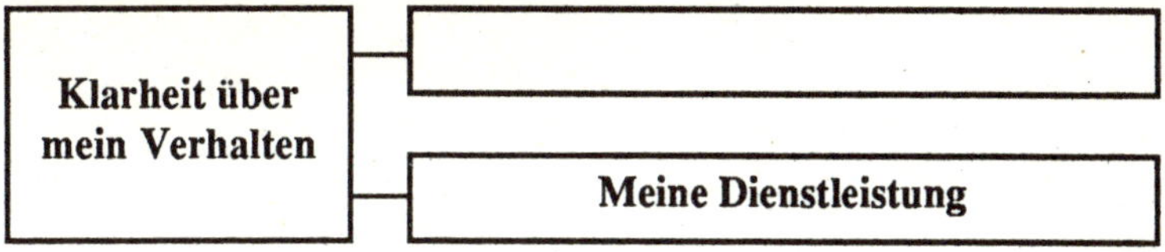

So wie wir anderen dienen, so werden wir belohnt. In diesen neun Worten wird ausgedrückt, daß unser Lohn immer dem entspricht, wie sehr wir anderen dienlich sind - also von Nutzen. Mit dienen ist nicht gemeint, daß Sie sich anderen unterwerfen oder sich als Werkzeug anderer hergeben. Verstehen Sie dienen als Ihren Auftrag, durch Nutzenbieten anderen zu dienen und damit Ihren Erfolg zu Recht zu verdienen.

Familie
Freunde
Kunden

Wem dienen wir? Wir dienen unseren Mitmenschen, unseren Freunden, unserer Familie, unseren Kunden und künftigen Kunden. Wir dienen einfach jedem, mit dem wir Kontakt haben oder zu haben wünschen. Und in dem Umfang, wie wir diesen Menschen dienen, wird sich unsere Belohnung einstellen. Unser Erfolg er-folgt.

Vernetzung

Niemals zuvor in der Menschheitsgeschichte sind die Menschen so intensiv miteinander vernetzt gewesen wie heute. Es ist unmöglich zu leben, ohne anderen zu dienen. Genauso unmöglich ist es, sich den Dienstleistungen anderer zu entziehen. Und das ist gut so.

> Willst du für dich leben,
> leb für andere.
>
> Seneca

Zwischenmenschliche Beziehungen

Je enger die zwischenmenschlichen Beziehungen vernetzt sind, desto größer ist die Chance der Menschen, Erfolge zu erzielen. Wir brauchen einander, jeder Mensch - auch wenn er es nicht wahrhaben will - steht in einer Beziehung zu (einem) anderen. Wir sind aufeinander angewiesen. Nichts kommt von ungefähr, alles beruht auf Austausch und Gegenseitigkeit, in welcher Form auch immer; wenn wir ein Glas Wasser trinken, das Licht andrehen, den Telefonhörer abnehmen, wenn wir den Rasen mähen oder angeln. Wir werden von anderen Menschen bedient. Jedesmal, wenn Sie auf die Uhr blicken, werden Sie von einer großen Industrie bedient sowie auch den Verdiensten Hunderter von Menschen. Jede berufliche Tätigkeit wird für andere Menschen erbracht - damit arbeitet jeder für jeden.

Geben und nehmen - ein Naturgesetz

Wir alle suchen Belohnungen, und wir sollten einsehen: Belohnungen werden uns auf zwei Arten zuteil: materiell und immateriell - psychisch und physisch. Sie bestimmen weitgehend über unser Glücksempfinden, unsere Freude und unsere innere Zufriedenheit.

Je nachdem wie wir denken oder uns fühlen, werden wir auch das Geld, das wir verdienen, das Haus, das wir kaufen, das Auto, das wir fahren, die Kleidung, die wir tragen, als eine Belohnung betrachten können.

Belohnung

Eines bedenken Sie bitte grundsätzlich: Den Wert der Belohnung, die Sie für sich erstreben, müssen Sie sich erst verdienen. Verdienen durch eine Dienstleistung gegenüber anderen.

Man könnte auch sagen: So wie du säst, so wirst du ernten. Die alte Weisheit begegnet uns immer wieder, ihre Richtigkeit bestätigen viele Beispiele.

Erfolg er-folgt

Als Isaac Newton seine physikalischen Gesetze verkündete, formulierte er dieses in folgender Weise: Für jede Aktion gibt es eine entsprechende entgegengerichtete Reaktion.

Theorie und Praxis

Wenn wir nun sagen, daß unsere Belohnung im Leben immer unseren Dienstleistungen entspricht, wird dem fast jeder zustimmen. Die Leute werden einsichtig mit dem Kopf nicken und sagen: "Ja, das stimmt sicherlich", um dann wieder ihres Weges zu gehen. Aber sie werden niemals erahnen, wie nah sie einer Wahrheit waren, die so großartig ist, so allumfassend, daß jede Handlung davon betroffen wird.

Wer mit seinem Erfolg unzufrieden ist, sollte seine Dienstleistungen überprüfen.

Aktion - Reaktion

Einfaches Erfolgsgesetz

Aktion und Reaktion sind untrennbar miteinander verbunden. So einfach, so grundsätzlich, so wahr diese Gesetze doch sind, so wenig werden sie beachtet.

Reaktion auf Wahrnehmung

Alles, was wir mit unseren Sinnen wahrnehmen, verursacht unsere Reaktion. Wenn Ihnen jemand ein unschönes Wort sagt, dann reagieren Sie mit Ärger. Wenn Sie aktiv werden, in welcher Art auch immer, müssen andere darauf reagieren. Die Schlußfolgerung muß daher sein, daß andere Menschen auf unsere Aktionen reagieren müssen, wenn sie von ihnen wahrgenommen werden.

Alle Versuche, das Gesetz von Aktion- Reaktion zu umgehen, müssen fehlschlagen oder zu Frustrationen führen. Ihr maßloser Ärger, der in Ihnen ausgelöst wird, wenn Sie etwas wahrnehmen, was Ihnen mißfällt, ist Ihre Reaktion aufgrund dieses Naturgesetzes. Und wenn Sie nicht aktiv das ändern, was Ihnen mißfällt, dann können Sie immer nur reagieren. Reagieren mit Mißmut, Ärger oder der Erkenntnis, Ihre Ärgerreaktion zurückzustellen, bis andere aktiv geworden sind, weil Sie selbst in dieser Sache nicht aktiv werden wollen. Oder Sie werden selbst aktiv - eine andere Lösung gibt es nicht, wenn es nicht zu Frustration führen soll.

Streß, Lebensangst

Diese Frustration können wir allerorten antreffen. Wir können sie in den angespannten, überanstrengten und nervösen Gesichtern beobachten, in den Bergen von Beruhigungstabletten, die jeden Tag geschluckt werden.

Ursache und Wirkung

Millionen von Menschen werden verletzt, eingeschüchtert, erschreckt, und ihr Leben verläuft in für sie nicht mehr kontrollierbaren Bahnen, nur weil sie das wichtigste Gesetz nicht kennen, das für das gesamte Universum gilt, das Gesetz von Ursache und Wirkung.

Über dieses Gesetz ist unzählige Male geschrieben worden. Größte Denker haben sich damit intensiv beschäftigt. Meine Anwendung des Gesetzes nun lautet:

> Unser Erfolg im Leben entspricht immer unserer Dienstleistung für den Menschen.

Aktion - Reaktion
Ursache - Wirkung
Geben - Nehmen
Gedanken - Handlungen

Wie viele persönliche Fehlschläge, glauben Sie, sind der Unkenntnis zuzuschreiben oder der Verleugnung dieses einfachen Naturgesetzes? Ich behaupte, daß die Mehrzahl der unglücklichen Lebenssituationen der Menschen auf das Nicht-Wahrhaben-Wollen dieses Gesetzes zurückzuführen ist.

Naturgesetz: Erfolg er-folgt

Wenn Sie dieses Gesetz begreifen, rational und gefühlsmäßig, dann vermag Ihnen das Leben alles zu bieten, weil auch Sie dem Leben alles bieten.

Künstliche, vom Menschen geschaffene Regeln

Aus Unkenntnis oder auch um den Gesetzen der Natur auszuweichen, haben sich die Menschen vielfach eigene, künstliche Regeln aufgestellt. Ihr Streben gilt der Erfüllung dieser neuen Regeln. Die Konsequenz: Der naturgegebene Weg zum Erfolg wird verkannt. Wen sollte dies aber verwundern, wenn von vorneherein - aufgrund selbstformulierter Gesetze - das Ziel bereits verrückt war? Nur im Einklang mit den Naturgesetzen kann ein natürlicher Erfolg erreicht werden. Es liegt in der Macht

Natürlicher Erfolg

jedes einzelnen, dieses nicht nur zu erkennen, sondern auch in seinem Alltag danach zu handeln.

Kreatives Verlangen

Sobald der Mensch einmal einiges erreicht hat, wird er sein Verlangen zumeist daran ausrichten, jede Chance für weitere Erfolge zu nutzen, und damit seinen Besitz und Einfluß ausdehnen. Das ist eine den Menschen innewohnende Veranlagung, und sie ist gut. Kreative Unzufriedenheit ist eine wichtige Triebfeder der menschlichen Kultur.

> Der Gewinn soll nicht die Basis,
> sondern das Resultat der
> Dienstleistung sein.
>
> Henry Ford

Wissen mobilisiert Ihr Denkvermögen und Ihre schöpferische Aktivität. Damit nehmen Sie Ihr Leben in die Hand. Es gibt Ihnen auch die Gewißheit, daß Sie durch Ihren persönlichen Einsatz ihre Ziele erreichen können.

Wie können Sie nun praktisch Ihre Dienstleistung prüfen oder gar erst erkennen, worin sie besteht?

Gezielte Aktivität

Wenn Sie die von den Menschen dringend benötigten Dienstleistungen aufspüren wollen, um zu sehen, welche Aufgaben davon für Sie besonders geeignet wären, müssen Sie aktiv danach suchen.

Diese Suche können Sie von zwei Seiten angehen:

Wer sucht Was?

Ausgangspunkt a: Ihre Mitmenschen und deren Bedürfnisse - Welche Wünsche haben sie, was empfinden sie als Mangel?

Was können Sie anderen geben?

Ausgangspunkt b: Ihre eigene Persönlichkeit - Sie zeichnen sich durch bestimmte Fähigkeiten aus, haben besondere Stärken in diesem oder jenem Bereich. Was davon wollen und können Sie anderen gerne als Ihre Dienstleistung geben?

Wenn Sie sich die Mühe machen und die beiden Ausgangspunkte systematisch gegeneinander auswerten, finden Sie sicher Antwort auf die Frage nach Ihren Erfolgschancen. Schreiben Sie sie auf!

Checkliste

Die folgende Checkliste soll Ihnen Hinweise und Denkanstöße geben, soll Ihnen helfen, die richtigen Fragen zu stellen.

Nehmen Sie sich Zeit für diese Arbeit, sie wird sich lohnen.

Schriftliche Chancenbilanz

Halten Sie jede Chance schriftlich fest, und machen Sie sich dadurch Ihren inneren Reichtum bewußt. Erst wenn Sie Ihren inneren Reichtum praktisch umsetzen und ihn zugunsten Ihres äußeren Reichtums nutzen, sind Sie am Ziel.

Doch zuvor müssen Sie noch an der Entfaltung Ihrer Persönlichkeit arbeiten und immer darauf bedacht sein, sich selbst so gut wie möglich kennenzulernen.

Vielleicht finden Sie auf Anhieb zu einer für Ihre Mitmenschen und für Sie geeigneten Dienstleistung, wenn Sie sich in unserer Welt umschauen und sich voll bewußt zu allem, was Ihre Aufmerksamkeit weckt, fragen:

Antworten erfordern Fragen

Kann ich durch meinen speziellen Beitrag dieses oder jenes - zum Beispiel Wünsche, Bedürfnisse - schneller / effektiver / optimaler / wertvoller / gefälliger / einfacher / dauerhafter / besser / preiswerter / zweckmäßiger / müheloser / schöner / moderner / bequemer / beständiger / angenehmer / zufriedenstellender / mit weniger Aufwand an Arbeit / Kapital / Energie / Zeit schaffen, beheben, befriedigen, erfüllen, als es zur Zeit der Fall ist?

Checkliste: Verbesserung meiner Dienstleistung

Was kann ich .....

- verbessern?
- vereinfachen?
- veredeln?
- bearbeiten
- produzieren?
- reparieren?
- instand halten?
- pflegen?
- betreuen?
- vermitteln?
- verkaufen?
- vermieten?
- transportieren?
- optimieren?
- verschönern?
- erfinden?
- rationalisieren?
- organisieren? usw.

Wodurch kann ich .....

- welche *Arbeit* leisten / erleichtern / vermitteln / bieten?
- welchen *Wert* erhalten / schaffen / vermitteln?
- welche(s) *Wissen, Bildung, Fähigkeiten* vermitteln / erweitern?
- welche(n) *Service, Dienstleistung* vermitteln / bieten?
- welche *Mängel, Probleme* beheben / mindern / lösen / aufdecken?
- welche *Fehler, Konflikte* lösen / mindern / aufdecken / klären?
- welche *Lebenshilfe* bieten / vermitteln / unterstützen / fördern?
- welche *Schwierigkeiten* beseitigen / verringern?
- welche *Möglichkeit* zu Freude / Genuß / Unterhaltung schaffen?
- welches *Vergnügen* neu ermöglichen?

Wer leidet unter .....

- welchem

Mangel / Schaden / Bedarf / Problem / Bedürfnis / Zwang / Unvermögen / Wunsch / Fehler / Fehlverhalten / Konflikt ?

- welcher

Unsicherheit / Schwierigkeit / Not / Störung / Hemmung / Unfähigkeit / Unterdrückung / Arbeit / Behinderung?

Wer sucht nach .....

- welchem/r

Vergnügen / Freude / Luxus / Wissen / Erlebnis / Angebot / Spielangebot?

* welcher

Förderung / Lebenshilfe / Leistung / Sicherheit / Entfaltung / Gestaltung / Beratung / Erholung / Bildung / Befreiung / Chance / Fähigkeit? usw.

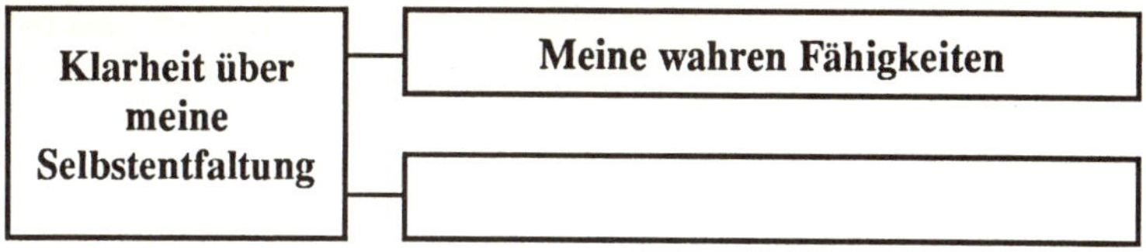

Persönliche Verantwortung

Haben Sie erst einmal erkannt, daß nur Sie selbst für Ihr eigenes Leben verantwortlich sind und nicht andere Menschen oder gar Umstände Ihr Leben beeinflussen, sind Sie auf dem richtigen Weg zur Selbsterkenntnis.

Selbsterkenntnis kann nur wirksam werden, wenn sie Ihnen bewußt wird. Aber auch das Unterbewußtsein kann einen wesentlichen Beitrag zur Selbsterkenntnis und Selbstfindung leisten.

Methoden zur Selbstfindung

Es gibt verschiedene Möglichkeiten, auf die unser Unterbewußtsein direkt anspricht, so zum Beispiel die Meditation und Hypnose. Die Konzentration auf eine vollkommen nach innen gerichtete Sichtweise kann die Verwirklichung von Zielen und Wünschen erleichtern und persönliche Entfaltung vorantreiben.

Nachteil dieser auf das Unterbewußtsein gerichteten Methoden: Obwohl eine innere Entwicklung stattfindet, übt sie nur geringen Einfluß auf die äußeren Wirklichkeiten unseres Lebens aus.

Ihr Bewußtsein organisiert in hervorragender Weise Ihre Fähigkeiten, um Ihr eigenes Schicksal nicht nur erleben zu können, sondern

Das Bewußtsein: Organisator der eigenen Fähigkeiten

auch gestalten zu können. Doch wie soll Ihr Bewußtsein den Bedarf an Fähigkeiten erkennen, wenn Sie sich nicht bewußt damit beschäftigen?

Ursache dafür, daß etwas in Ihrem Leben bisher negativ verlief, war Ihre falsche "Bedarfsformulierung" in Form von negativen Gedanken und Gefühlen.

Die Fähigkeiten des Bewußtseins ausschöpfen

Ihr Bewußtsein ist ein Teil von Ihnen; es hilft Ihnen in dem Maß, wie Sie es wünschen. Sie allein formulieren Ihren Bedarf für Ihr Leben und was daraus werden soll - kein anderer. Was Sie als Bedarf formulieren, wird entsprechend organisiert.

Kraft des Guten

Wenn Ihre Gedanken immer positiv und lebensbejahend sind und Sie stets in der Erwartung des absolut Guten leben, formulieren Sie ausschließlich den Bedarf für das Gute.

Glauben, Überzeugung und Gefühlsschwankung

Schwanken Ihre Gedanken und Gefühle zwischen positiv und negativ, zwischen gesund und krank, zwischen arm und reich und zwischen glücklich und unglücklich, dann stellen diese Gedanken und Gefühle ein zusätzliches Potential an gewolltem Schicksal dar. Ihr Bewußtsein organisiert dann diesen Bedarf, indem es feststellt und vermerkt, wie oft Sie positiv oder negativ denken, wie stark Sie an diesen Gedanken festhalten und wie stark Ihre Gefühle die jeweilige Denkweise energetisch aufladen . Auf diese Weise meldet Ihr Unterbewußtsein den starken Wunsch, dieses Schicksal erleben zu wollen. Es kommt also "nicht von ungefähr," welche Ergebnisse in Ihr Leben treten!

Bewußt gesteuerte Lebensgestaltung

Wenn Ihr Leben so aussehen soll, wie Sie es sich idealerweise vorstellen, dann müssen Sie auch bewußt etwas dafür tun!

Denken Sie immer daran, daß Ihr Bewußtsein Ihren Bedarf an Fähigkeiten organisiert. Fähigkeiten sind neutral, sie ermöglichen positive Ergebnisse ebenso wie negative. Aber Sie bestimmen durch Ihre Gedanken und Gefühle den Bedarf. Ihr Denken und Fühlen bestimmt über "positiv" oder "negativ".

Deshalb: Vertrauen Sie auf das Gute auch dann, wenn die äußere Realität noch anders aussieht, entwickeln Sie damit den Bedarf für das Gute.

Das eigene Erleben gestalten

Haben Sie dies einmal bewußt erkannt, verfügen Sie über die Kraft, Ihr Bewußtsein für die Organisation Ihrer künftigen Lebenserfahrung tätig werden zu lassen. Wenn Sie immer an das Gute in allen Menschen, Situationen und Angelegenheiten glauben, organisiert Ihr Bewußtsein die entsprechend erforderlichen Fähigkeiten und Potentiale, damit dieses Gute auch in Ihr Leben treten und Wirklichkeit werden kann.

Wie von selbst

Ihr Bewußtsein ist der Vermittler zwischen Ihren Gedanken, die Sie sich über Ihr Leben tagaus, tagein machen, und Ihrer "inneren Intelligenz", die auch als "Selbst" bezeichnet wird. Sind wir selbstbewußt, sind wir uns unseres "Selbst" bewußt und darum fähiger als andere, weil unser Selbst uns Fähigkeiten zur Verfügung stellt, die wir in unserem Bewußtsein als Bedarf formulierten.

Aufhören zu zweifeln

Ein nächster Schritt: In Ihnen steigen immer wieder Sehnsüchte und Neigungen hoch, die Sie gerne realisieren möchten. Aber es fällt Ihnen nicht leicht, mit der Realisierung zu beginnen. Einerseits sehen Sie sich dazu in der Lage, andrerseits stellen Sie Ihre Fähigkeiten wieder stark in Frage.

Entschlossen glauben und handeln

Dieses Hin und Her in Ihrem Inneren wirkt; es beinhaltet für Sie weitere Möglichkeiten oder Wahrscheinlichkeiten, sich auszuleben. Was Ihnen dazu fehlt, ist die Entschlossenheit, es zu tun und sich die nötige Fähigkeit zuzusprechen.

Jeder Mensch ist fähig

Sobald Sie erkannt haben, daß Sie die Fähigkeit in sich haben, einen Wunsch zu realisieren, werden Sie ihn realisieren. Es liegt nur an Ihnen, das zu erkennen. Sie sind zu allem fähig, weil Ihr Selbst zu allem fähig ist.

Selbsterkenntnis - der erste Schritt zur Besserung

Erkennen Sie Ihre Fähigkeiten, die in Ihnen zum Ausdruck drängen. Machen Sie sich frei von dem Gedanken, Sie seien "unfähig". Sie sind, wie jeder Mensch, im inneren Kern bereits fähig, alles zu erreichen, was Sie sich vorstellen können. Alle Fähigkeiten sind in jedem Menschen angelegt. Doch es bedarf der Selbsterkenntnis, des Vertrauens auf sein höheres Selbst, um davon Gebrauch zu machen.

Über sich selbst hinauswachsen

Nur Sie selbst können sich dafür öffnen. Sie entscheiden, was Sie zu Ihrer Realität machen wollen. Sie sind fähiger, als Sie jemals mit Ihrem Verstand begreifen können. Haben Sie das für sich zugelassen, können Sie Ihre Fähigkeiten beliebig einsetzen und zum Ausdruck bringen.

Nutzen Sie mehr als 15 Prozent Ihrer geistigen Fähigkeiten

Überlegen Sie nur einmal, wie sehr sich Ihr Leben und auch das Leben anderer zum Positiven verändern kann, wenn Sie es für sich persönlich zulassen, von Ihren Fähigkeiten Gebrauch zu machen. In dieser Hinsicht haben Sie Anteil an der Evolution - durch die Entwicklung und Entfaltung Ihres Lebens. Jede Aufgabe, die Sie erfüllen, und jedes Bemühen, das Sie einbringen, ist ein Beitrag zur Verwirklichung Ihrer Lebensziele.

Lebensregel

Ich bin in meinem wahren Wesen zu
allem fähig, wenn ich mein Verhalten
gegenüber allen Menschen,
Situationen und Angelegenheiten
stets kritisch prüfe
und gegebenenfalls ändere.

Ich verhalte mich ab jetzt immer so, daß
ich in allem, was mir begegnet,

- Menschen, Situationen,
Angelegenheiten -

nach dem versteckten Guten
Ausschau halte.

Ich erwarte in meinen Gedanken und
Gefühlen immer nur das Beste.

Auf diese Weise formuliere ich den
Bedarf für das Beste.

So wird es in mein Leben treten!

Positive Gedanken sind die
beste Grundlage für
meinen Erfolg.

Ich lebe, was ich denke.

Klarheit über meine Selbstentfaltung

Meine Ziele

Verpuffte Wünsche

Sie haben es sicher an sich selber bemerkt, wie Wünsche - beruflicher und privater Art - in Ihnen aufsteigen, und wie diese Wünsche sich dann spurlos in nichts auflösten. Was haben wir uns nicht schon alles gewünscht, und was wurde davon letztendlich realisiert?

Ziele statt Absichts-erklärungen

Was bewirkt diesen großen Unterschied zwischen den Wünschen und der Wirklichkeit? Nun: Wünsche sind eben noch keine Ziele, auch wenn viele Menschen sie dafür halten. Wünsche sind bestenfalls Absichtserklärungen und dazu äußerst ungezielt.

Im Kapitel "Wünsche" haben Sie gelesen, wie wichtig es ist, sich Wünsche bewußtzumachen und sie nach Vorrangigkeit zu ordnen. Sie brauchen diese Übersicht, was zuerst verwirklicht werden sollte.

Zielplanung

Das allein aber genügt nicht. Erarbeiten Sie jetzt aus diesen Wünschen eindeutige Ziele. Zielplanung zwingt zum Erkennen von voraussichtlichen Chancen, Möglichkeiten, Tendenzen oder Widerständen.

Wenn Sie genau wissen, welche Ziele Sie beruflich, für sich selbst und für Ihre Familie verfolgen, wissen Sie, wofür Sie leben.

Ruhe ist erforderlich

Nehmen Sie sich für Ihre Zielplanung die nötige Ruhe. Sorgen Sie dafür, daß Sie nicht gestört werden. Setzen Sie sich ganz ungezwungen und entspannt hin, beginnen Sie dann in froher Erwartungshaltung mit der schriftlichen Formulierung Ihrer Ziele. Lassen Sie dabei zunächst alles einfließen, was Ihnen in den Sinn kommt. Machen Sie es sich zur Gewohnheit, diese Arbeit grundsätzlich schriftlich anzugehen.

Schriftliche Zielplanung befreit vom Wunschdenken

Nur durch schriftliche Zielplanung gewinnen Sie die erforderliche Übersicht über die beabsichtigten und erforderlichen Handlungsschritte. Durch schriftliche Zielformulierungen lösen Sie sich vom Wunschdenken. Das übersichtliche, schriftliche Ergebnis versetzt Sie in die Lage, klar und gezielt zu handeln, sich zielgerecht zu verhalten.

Zeitsparende Richtungsweiser

Die schriftlichen Zielformulierungen sind dauerhafte Richtungsweiser, die Sie zudem zeitsparend einsetzen. Nichts muß erneut durchdacht werden. Sie können Ihre ganze Energie auf Ihre Handlungsaktivitäten konzentrieren. Das Geheimnis erfolgreichen persönlichen Wirkens liegt darin begründet zu wissen, was als nächstes zu tun ist und es unverzüglich zu tun.

- Ziele konkretisieren: private und berufliche Vorstellungen, Interessen und Zukunftswünsche;
- Persönlich wichtige Ziele aktivieren und sich selbst motivieren;

- Zielformulierungen sind Bedarfsanforderungen für Fähigkeiten, die Ihre "innere Intelligenz" Ihnen nur dann zur Verfügung stellen kann, wenn sie ihr bekannt sind.

- Schriftliche Ziele helfen zur Klärung, Präzisierung und Orientierung. Sie ermöglichen den laufenden Soll-/ Ist-Vergleich und gegebenenfalls die erforderliche Kurskorrektur.

- Durchsetzungskraft, Schaffensfreude und Kreativität werden mobilisiert.

- Konkrete Ziele helfen, die Energien im privaten und beruflichen Bereich auf die Erfüllung zu konzentrieren, sie systematisch zu realisieren.

- Schriftlich erfaßte Ziele sind wichtig für ein bewußt geführtes, glückliches, selbstverwirklichtes Leben.

Kraftquellen-Aktivierung

Zielformulierung bedeutet in der Praxis erfahrungsgemäß, daß nur solche Ziele mit einem vertretbaren Energieaufwand erreicht werden können, die folgende drei Kraftquellen aktivieren:

Aktivierung der Kraftreserven

> 1. Das angestrebte Ziel muß aus Liebe zu etwas und nicht aus Furcht vor etwas entstehen.
>
> 2. Das Erreichen des Ziels muß Freude auf dem Weg dorthin beinhalten, sonst vermag es nicht die innere Kraft der Begeisterung aufrechtzuerhalten.
>
> 3. Für jedes Ziel muß ein Kraftfeld bestehen wie
>
> GEBEN und NEHMEN,
> ANGEBOT und NACHFRAGE,
>
> damit es nicht nur einseitig gefördert wird.

Nur wenn diese drei Bedingungen erfüllt sind, wird das Leben das Erreichen des Ziels vorantreiben und somit wirkliche Erfüllung und Zufriedenheit bringen.

Zielsuche

Gewünschter Endzustand

Bei der Zielsuche sollten wir uns von allen inneren Blockaden befreien und noch nicht über die einzelnen Schritte nachdenken, die zur Erreichung erforderlich sind. Bei der Suche nach Zielen, die die vorgenannten Kriterien erfüllen, sollten wir uns immer nach innen wenden und uns sehr viel Zeit nehmen - über eine längere Zeitspanne. Die Zielsuche muß frei von Stimmungen und Gefühlen sein, wie sie eine zu kurzfristige Zielsuche naturgemäß beinhaltet.

Aktiv werden

Die bewußte Zielsuche, die neben der inneren Zielsuche durch Befragung unseres Selbst erforderlich ist, verlangt Aktivität. Nur wenn wir aktiv suchen und Fragen stellen, werden wir Ziele finden.

> Der Schöpfer hat uns den Verstand gegeben, damit wir die Ordnung in uns selbst erkennen.

Verstand benutzen

Was sollen uns diese Sätze sagen? Sie machen deutlich, daß wir unseren Verstand nicht umsonst haben, sondern ihn für unsere Lebensentfaltung nutzen sollen. Dann werden wir auf jede Frage eine Antwort finden. Im richtigen "Fragen" liegt die Antwort verborgen. Eine Frage wie "Wie kann ich ohne Arbeit und Eigenleistung reich und glücklich werden?" wird keine zufriedenstellende Antwort bringen, denn sie spricht gegen unser Selbstwertgefühl, was zugleich bedeutet, daß unser Selbst nicht antworten wird. Die Fragestellung ist daher von entscheidender Bedeutung.

Gegen uns selbst gerichtet

Zielklarheit

Zielformulierung

Nur die exakte Zielformulierung führt zur eindeutigen Zielklarheit und damit zur Motivation, die eine Realisierung ermöglicht.

Wunschträume

Viele Menschen haben Ziele, die in Wirklichkeit gar keine Ziele sind, sondern Absichtserklärungen! Eine Absichtserklärung ist eine gedankliche Vorstellung vom Endzustand, für deren Erreichung aber keine inneren Kräfte und Energien mobilisiert werden.

Zielklarheit

Ein Ziel wird schrittweise erreicht, der Weg dorthin bereitet Freude, man geht ihn aus Liebe zum Endzustand.

Jede Saat muß auch geerntet werden.

Formulieren Sie nur Ziele, für die Sie auch aktiv handeln wollen. Keiner wird für Sie handeln. Keiner kann Ihr Leben leben. Nur Sie selbst sind für Ihr Leben verantwortlich. Ihre Verantwortung bezieht sich auf jeden Gedanken, jedes Gefühl und jede Handlung!

Visionsenergien

Formulieren Sie Ihre Ziele genau. Sie selbst und Ihr "Selbst" müssen genau wissen, was erreicht werden soll. Wenn Sie zum Beispiel formulieren: "Ich möchte einen Blumenladen besitzen" oder "Ich stelle mir ein Leben in Luxus vor," dann wissen Sie und Ihr "Selbst" immer noch nicht, was Sie konkret wollen. Es fehlt die Dimension der lebendig-aktiven Vorstellungsenergien. Die Kraft der Intuition wird erst aktiviert, wenn möglichst viele dynamisch-aktive Begriffe in der Zielformulierung

Formulierungshinweise

vorhanden sind wie zum Beispiel *werde, gebe, nehme, errichte, verrichte, verkaufe, betreibe, leite, führe, kaufe, usw.*

Verhaltensmuster aufbauen

Je mehr aktiv-dynamische Begriffe Ihre Zielformulierung enthält, desto spontaner und automatischer wird Ihr Denken, Fühlen und Handeln sein. Die innere Verhaltenssteuerung Ihres Selbst richtet sich nach der von Ihnen bewußt eingeleiteten Aktivität. Das "Selbst" reagiert nur auf vorstellbare Handlungsabläufe und aktive Verhaltensmuster. Es reagiert aber nicht auf Wunschbilder und Tagträume, die nicht die aktiv-dynamische Lebensenergie, die zur Verwirklichung nötige Energie, auszulösen vermögen.

Der "Nutzen" und "Wert" eines Zieles ist daher nicht nur für Sie und Ihr Selbst (Selbstwertgefühl), sondern auch für das Wohl aller Menschen und Realitäten notwendig, weil das Leben die Evolution wünscht, die Vollendung der Schöpfung.

Mein Ziel

Nr.	Aufgaben	△	Investitionen DM	Investitionen Tage	Termin
1.	Ich führe mehr persönliche Gespräche mit unseren Groß-Kunden.				
2.	Ich gebe Herrn Segemann den Auftrag, Kosteneinsparungen in der Lagerhaltung zu ermitteln.				20.8.
3.	Ich plane die Verkaufstagung in Mainz.			1	
	- Großkunden-Provision überdenken.				
	- Serviceleistungen erhöhen.				
4.	Ich verbessere die Informationshäufigkeit und Darstellung für unsere Großkunden.		10.000	2	
5.	Ich ermittle unsere Vorteile + Stärken gegenüber Mitbewerbern.			1	
	- Vorbereitung durch Frau Engel veranlassen.				

Klarheit über meine Ziele — **Meine Chancen**

Kreativitätsmangel

Den meisten Menschen und Unternehmen fehlt es an Kreativität, an neuen Ideen zur eigenen Entwicklung, Ideen, die mit Begeisterung umgesetzt werden. Das Umsetzen solcher Ideen in die Praxis würde jedem erfahrbar machen, über welche Möglichkeiten doch jeder verfügt.

Es ist eine weit verbreitete Annahme, daß mangelnde Kreativität anlagebedingt ist. Mangelnde Kreativität ist die Folge einer oberflächlichen Denkart aufgrund mangelnder Informiertheit, mangelnden Wissens nicht zuletzt auch um die geistig wirksamen Gesetze des Lebens.

Gedankenverdichtung

Wissensmangel und Informationslücken hemmen die gedankliche Verdichtung, die notwendig ist, um wertvolle Ideen entstehen zu lassen, die auch innere Begeisterung mit sich bringen. Und wo Begeisterung fehlt, fehlt auch der innere Drang zur Verwirklichung. Die Hilfe des Unterbewußtseins fehlt, wenn es nicht zu zündenden Ideen kommt.

Flüchtige Ideen

Bei der Kreativität müssen wir zwei Arten unterscheiden lernen: Das häufige Entstehen von "flüchtigen Ideen," die zu oberflächlich und anspruchslos sind, als daß sie, von Ausnahmen abgesehen, wirklich erfolgreich verwirklicht werden könnten.

Zündende Ideen

Die "zündenden Ideen:" Sie entwickeln sich aus dem Unterbewußtsein. Wenn Ihr Unterbewußtsein angefüllt ist mit Wünschen und wertvollen Zielen, mit bildhaften Vorstellungen dessen, was Sie zu erreichen wünschen, dann bilden sich Ideen und Lösungsansätze, die Erfolg versprechen. Diese Ideen entspringen nicht dem Verstand, der begrenzten äußeren Intelligenz; sie wurden nicht logisch entwickelt, sondern es sind Ideen aus dem Reichtum Ihrer "inneren Intelligenz," die durch ihre Verwirklichung sowohl Ihre innere Begeisterung entfachen als auch in Ihrer Umwelt ideale Voraussetzungen finden, um zu "zünden."

Unbewußte Signale und Schwingungen

"Zündende" Ideen sind darauf zurückzuführen, daß das Unterbewußtsein Signale und Schwingungen aus der Umwelt wahrnimmt, die als Wahrscheinlichkeiten vorherrschen. Der bis über seine Grenzen geschulte Verstand des Menschen ist zu einer so feinen Wahrnehmung nicht fähig, und darum sind Ideen, die unserem Wesenskern entspringen, viel wirkungsvoller und sicherer.

> Ein Mensch mit einer positiven Erwartungshaltung entwickelt automatisch Fähigkeiten, wie etwa Intuition, die insgesamt zur "Vorausahnung" führen oder sich bis zur "Hellsichtigkeit" entwickeln können. Das bestätigte auch eine Studie am Technologie-Institut von New Jersey, einer der führenden Hochschulen in den USA.

Fingerspitzengefühl

Die beständige Praxis einer positiven Geisteshaltung ist ausschlaggebend dafür, daß der Mensch zunehmend Gespür, Fingerspitzengefühl für seine Umwelt und sich selbst aufbaut. Er weiß instinktiv, was richtig und machbar ist. Dieses Gespür entwickelt er um so schneller und wirkungsvoller, je stärker seine positive innere Einstellung ist.

Vorausahnung

Zeichen und Signale, die nur von seinem Unterbewußtsein wahrgenommen werden, lösen in ihm Vermutungen aus, wie sich die Umwelt verhalten und was geschehen wird: Als hätte man beispielsweise nicht längst geahnt, daß das vorausfahrende Auto ausscheren wird. Das unbewußte Vorausahnen erlaubt eine schnellere Reaktion als eine ausschließlich verstandesmäßig gesteuerte.

Das Unterbewußtsein ist besser als die Marktforscher

Dies macht verständlich, warum erfahrene Manager, Verkäufer und Werbefachleute häufig das Verhalten der Kunden besser vorausahnen, als Marktforscher es vorausberechnen können. So argumentiert man in einer Verhandlung plötzlich anders als sonst, ohne selbst zu wissen, warum. Auslöser dieser Kurskorrektur ist das Unterbewußtsein, das beim Gesprächspartner unterschwellige Signale wahrnimmt und das menschliche Handeln unmittelbar beeinflußt. Diese Erfahrung drängt uns die Frage auf, ob es nicht besser ist, die inneren Fähigkeiten des Menschen zu entwickeln als den Verstand weiter zu überfordern.

Was ist Kreativität?

Reaktion bewirkt Wandel

Kreativität heißt Schöpfungskraft. Sie bezeichnet die Fähigkeit, auf die sich ständig verändernden Verhältnisse frühzeitiger, mit neuen und besseren Lösungen zu reagieren und die eigenen Chancen zu erkennen und wahrzunehmen.

Gedankenblitze

Wir haben schlagartig eine Idee, den zündenden Funken liefert die Umwelt, oder eigene Gedankengänge und Assoziationen sind dafür verantwortlich. Ideen sind "Gedankenblitze," die aus inneren Spannungen unseres Wesens hervorgehen, Spannungen, die zwischen unserer Erwartungshaltung und den zu überwindenden Hindernissen stehen. Diese Spannungen sind Voraussetzung für Ideen und Kreativität. Es sind "optimale," nicht "maximale" Spannungen: Optimale Spannungen erzeugen wir, wenn wir positiv denken und Gutes erwarten, wenn wir versuchen, in Lösungsmöglichkeiten zu denken statt in Problemen. Problemdenken verhindert Lösungen und baut maximale Spannungen auf, die zu Streß und Fehlentscheidungen führen.

Positive Erwartungshaltung

Verlassen Sie sich auf Ihre inneren Kräfte, auf Ihr Gefühl. Seien Sie überzeugt von Ihren inneren Fähigkeiten. Erwarten Sie das Gute in allen Situationen. Mit einer solchen positiven Erwartungshaltung erzeugen Sie automatisch die optimalen Spannungen, die zu Ideen und Kreativität führen.

Maßgeblich für die Intensität der Spannungen sind:

1. die Stärke der Reibung, die sich aus Ihrem Lösungswillen und Ihrer Erwartungshaltung ergibt;

2. die Häufigkeit, mit der sich Ihre Begeisterung für die Verwirklichung der Idee an Ihrem Wunsch oder Ziel reibt, das heißt, wieviel Energie Sie investieren.

Visionskraft

Je stärker Ihre Vorstellungskraft darauf getrimmt ist, daß es für jede Situation eine Lösung gibt, desto mehr Hilfestellung erfahren Sie über Ihr Unterbewußtsein.

Es gibt zwei verschieden funktionierende geistige Bereiche:

1. Bewußtsein - Verstand

2. Unterbewußtsein - Vernunft

Rational-bewußtes und unbewußt-intuitives Denken

Alles, was Sie auf rational-bewußter Seite denken, prägt sich Ihrem Unterbewußtsein ein, und dieses wiederum verleiht den betreffenden Gedankeninhalten Gestalt. Die unbewußten Geistesschichten stellen die Verursachungsebene unserer Erfahrungen dar. Die dort ablaufenden Assoziationen können Auslöser für Ideen sein.

Prinzip der Verursachung

An Ihrem Willen zum Erfolg, Ihrer Denkweise, an Ihrer Lebenseinstellung liegt es, was Sie in Ihr Leben ziehen. Sie allein erteilen die Befehle - und Ihr Unterbewußtsein arbeitet an der Verwirklichung Ihrer Gedankeninhalte. Alles, was Sie denken und was Sie sich bewußt vorstellen, ruft in Ihrem Unterbewußtsein eine inhaltlich identische Reaktion oder Verhaltensweise hervor.

Gesetz des Geistes

Negative und destruktive Gedanken werden ebenso getreulich verwirklicht wie positive und aufbauende Gedanken und Erwartungen. Bedenken Sie deshalb stets: Ihr Unterbewußtsein prüft nicht nach, ob Ihre Gedanken und Erwartungen gut oder schlecht für Sie sind, falsch oder wahr; es reagiert so, wie Sie es gedanklich und erwartungsmäßig vorprogrammieren, nicht anders. Angenommen Sie sind davon überzeugt, daß sich Ihr Erfolg eines Tages bewahrheiten wird: Das Handlungsprogramm für Ihr Unterbewußtsein ist damit eindeutig festgelegt. Es wird zum wichtigsten Helfer für Ihren Erfolg.

Selbstbestimmte Wirklichkeit

Gesteuerte Gedanken und Assoziationen

Sobald Ihr Unterbewußtsein Ihre Gedanken und Vorstellungen kennt, steuert es Sie unverzüglich in Richtung Verwirklichung. Es stützt sich dabei auf Ihr inneres Energiemuster, auf Ihre Erfahrungen und Erwartungen und die daraus resultierenden Assoziationen. Es bezieht die natürlichen Kräfte und naturgemäßen Gesetze ein; auch sie können entscheidend sein, wenn es um die Realisierung Ihrer "Zukunftsvisionen" geht.

Bisher konnte dieser Denk- und Handlungsprozeß (noch) nicht erforscht werden, dennoch ist er für jeden Menschen erfahrbar.

Unbewußte Reaktionen

Alle Ihre bisherigen Erlebnisse waren die Reaktion Ihres Unterbewußtseins auf Gedanken, an deren Richtigkeit Sie glaubten und deren Eintritt Sie erwarteten.

Macht der Gedanken anerkennen

Falls Sie mit Ihren Erfolgen, Ihrem Glück und Ihrer Selbstverwirklichung bisher nicht zufrieden waren, dann starten Sie nun in ein neues Leben, indem Sie die Macht der Gedanken anerkennen und Ihre Gedankenwelt durch aufbauende, bejahende Gedanken verändern. Geben Sie Ihrem Unterbewußtsein neue Anweisungen. Alles, was Ihnen an Ihrem Leben nicht gefällt, können Sie verändern, wenn Sie Ihre inneren Energiemuster, Ihre Denkgewohnheiten, ändern.

Visionen konditionieren Verhalten

Machen Sie sich Ihre wirklichen Ziele bewußt; sie sind Ihr Motivationsansporn. Formulieren Sie Ihre Ziele in präzise Handlungsanweisungen für Ihr Unterbewußtsein um. Formulieren Sie Ihre Ziele und Wünsche schriftlich so, als wären sie schon Realität. Diese schriftliche Formulierung baut innere Energiemuster auf, konditioniert Ihr Unterbewußtsein, Ihre Aufmerksamkeit und Wahrnehmungsfähigkeit. Sie entwickeln damit "Visionen", innere Erwartungsspannungen. Je mehr Vertrauen Sie zu sich und Ihren Visionen haben und je mehr Aufmerksamkeit Sie Ihnen schenken, desto mehr erkennen Sie die Wege zur Verwirklichung. Und insofern verursachen Sie selbst letztendlich die Konkretisierung und Verwirklichung Ihrer Ziele. Ihr konstruktives Denken ist der Samen für Ihr persönliches Wachstum.

Klarheit durch schriftliches Zieldenken

Das geht nicht von heute auf morgen. Es erfordert seine Zeit, Zeit, die sich aber mehrfach lohnt. Nehmen Sie sich diese Zeit. Schreiben Sie zu allen Gedanken, Wünschen und Zielen, die Sie jetzt verursachen wollen, eine positive Vision. Formulieren Sie die Erwartungen, die Sie an Ihr Leben stellen.

Berücksichtigen Sie dabei Ihre generellen Wünsche und Ziele, aber auch die Erwartungen an Ihre täglichen Handlungen.

Arbeiten Sie täglich mit Visionen!

Kreativität erfordert Ihre Aufmerksamkeit.

Formulieren Sie auch zu den wöchentlichen und monatlichen Aktivitäten entsprechende Visionen. Lesen Sie diese jeden Morgen und jeden Abend oder auch zwischendurch, wenn Sie es wünschen. Jede Aufmerksamkeit, die Sie diesen Visionen widmen, wird die Verwirklichung näher an Sie heranführen. Wirkungsvoll formulierte Visionen, nur zehn Minuten täglich gelesen, können jahrelange Denkgewohnheiten verändern. Folgende Punkte sollten Sie deshalb bei der Formulierung beachten:

Künftige Ziele bereits in der Gegenwart geistig leben

1. Schreiben Sie in der Gegenwartsform: Gehen Sie davon aus, daß etwas "jetzt bereits existiert". Alles wird zunächst auf der geistig-seelischen (subjektiven) Ebene geschaffen, bevor es objektiv in Erscheinung tritt.

Beispiel: “Ich habe den Auftrag von Firma Meyer erhalten” und nicht “Ich werde den Auftrag von Firma Meyer erhalten.”

Positive Wunschformulierungen

2. Nur positive Formulierungen wählen: Formulieren Sie nur, was Sie "möchten", und nicht, was Sie "nicht" möchten.

Beispiel: "Ich wache jeden Morgen frohgelaunt und voller Tatendrang und guter Ideen auf" und nicht "Ich verschlafe nun nicht mehr."

Gefühlsintensität beschleunigt die Ziel-/Wunsch-Verwirklichung.

3. Kurze und inspirierende Visionen: Eine Vision sollte eine klare Aussage sein, die ein intensives Gefühl, eine fest geplante Absicht zum Ausdruck bringt. Je stärker die Absicht und die daran geknüpfte Erwartung ist, desto stärker wird Ihr Unterbewußtsein beeinflußt und gesteuert. Langatmige und zu umfassende Visionen sind unglaubwürdig und scheitern am Widerstand des Egos.

Eine Vision wie z.B.: “Ich bin reich, glücklich, gesund und voller Lebensfreude” ist zu unwirklich und umfassend, um nicht den Widerstand des Egos zu provozieren.

Inneres Freisein durch Aufgeschlossenheit

4. Gefühlsintensität für jede Vision: Wenn Sie mit Ihren Visionen arbeiten, müssen Sie die negativen Gefühle, die in Ihnen hochsteigen und Ihre geistige Idealvorstellung bedrängen, zulassen. Es ist wichtig, daß Sie alle Ihre Gefühle, einschließlich der "negativen", annehmen in der Gewißheit, daß Sie durch Visionen etwas "Neues" und "bisher Unbekanntes" entstehen lassen, was sich erst behaupten muß. Entwickeln Sie also ein freudiges Gefühl der Zuversicht auch dann, wenn vorher negative Gefühle aufgekommen sind. Lassen Sie sich darauf ein, daß Ihre Visionen "wahr" werden können.

Unbewußte Antenne

Durch das Arbeiten mit "Visionen" entwickeln Sie eine "unbewußte Antenne" für Lösungen. Über diese Antenne nehmen Sie Anregungen und Informationen wahr, die vorher unbemerkt an Ihnen vorübergingen. Dieser Prozeß, der anfänglich aus undefinierbarem Spannungsempfinden über intuitives Ahnen zu exaktem Wissen verläuft, ist ein natürlicher Vorgang in folgenden Etappen:

Spürsinn, Ahnung, Wissen

1. Entstehen von Visionen aufgrund der Spannung aus intensiv ausgeprägten Wünschen und Zielen;

2. Wahrnehmung der unterschwelligen Ahnung, der intuitiven Vermutung;

3. Verstärkt auftretendes Gefühl, daß Ideen und Lösungen "in der Luft liegen";

4. Bewußtwerden einer Idee, Inspiration, Eingebung - spontaner Einfall;

5. Vergleich mit bereits verinnerlichten Erfahrungen; und entsprechend Erlöschen oder Verstärkung des Ansatzes;

6. Ableiten einer Theorie bzw. Hypothese;

7. Rationale, also verstandesmäßige Überprüfung der entstandenen Vorstellungen;

8. Exaktes Wissen. Erkennen der Wege zum Ziel.;

9. Materialisierung, d.h. Umsetzen des exakten Wissens in die Praxis bis zum Erreichen des Ziels.

Entdecken Sie Ihre Chancen, die sich Ihnen durch das Arbeiten mit "Visionen" offenbaren, und nutzen Sie diese gezielt.

Chancen sammeln

Halten Sie Ihre Ideen und Chancen schriftlich fest, dann haben Sie Ihren Erfolg besser unter Kontrolle. Ergänzen Sie Ihre Notizen, sobald Sie zu den einzelnen Punkten weitere Ideen haben. Auf diese Weise entsteht ein immer perfekteres Bild Ihrer Chancen, die es nur noch gezielt zu nutzen gilt.

Bereit für Ideen

Ständige Notizbereitschaft ist eine Grundvoraussetzung für Erfolg. Denn Ihr Unterbewußtsein richtet sich als Ihr Ideenlieferant nicht danach, ob Sie diese Ideen auch nicht vergessen. Es liefert Ihnen Ideen und Chancen zu allen nur denkbaren Zeiten, häufig gerade dann, wenn Sie nicht damit rechnen.

Wie jeder Mensch stecken auch Sie voller Ideen. Doch nur die wenigsten Menschen nutzen dieses Kapital. Sie sollten dazugehören.

Nr.	Meine Visionen
1.	Verbesserung der Großkunden-Bindung:
	Ich habe die Vorteile für unsere Großkunden gegenüber den Mitbewerbern deutlich herausgearbeitet und in überzeugende Informationen umgesetzt.
	Jeder Großkunde erkennt auf einen Blick unsere Vorteile gegenüber den Konkurrenten. Preise sind bei dieser Anzahl von Vorteilen unbedeutend.
	Ich gewinne ständig neue Großkunden durch die bessere Vorteils-Information.
	Ich binde Großkunden stärker an uns, weil die Vorteile eindeutig als Nutzen erkennbar sind.
	Ich bin ein Spezialist für Großkundenkontakte.
	Unsere Firma ist unter den Großkunden ein Begriff.
	Das ist so!

Meine Ideen

Nr.	Meine Ideen	△
1.	Referenzliste großer Kunden erstellen	
2.	Zufriedenheit großer Kunden erwähnen	
3.	Nutzenvorteile deutlicher ermitteln	
4.	Was wäre, wenn ich noch keine großen Kunden hätte? Wie würde ich mich großen Kunden empfehlen?	
5.	Hauszeitschrift oder Rundschreiben für Großkunden.	
6.	Einkäufer-Tag im Betrieb mit Bewirtung und Programm	
7.	Probleme der Großkunden erfragen Bessere Lösungen als Mitbewerber entwickeln	

Nr.	Realisierbare Ideen für die Zielplanung und Zielformulierung
1.	Referenzliste erstellen
2.	Nutzenvorteile ermitteln

Klarheit über meine Ziele

Meine Zielprioritäten

Sicher haben Sie mehrere Ziele, die Sie möglichst alle verwirklichen möchten. Der wesentliche Faktor für die Realisierung: Sie müssen Prioritäten setzen.

Prioritäten steuern Aktivitäten

Prioritäten setzen heißt entscheiden, welches Ziel erstrangig, zweitrangig, drittrangig ist und welche Ziele nachrangig verwirklicht werden sollen. Für Ziele mit höchster Priorität muß höchste Aktivität aufgebracht werden.

Zielbewußte Aufmerksamkeit

Erfolgreiche Menschen zeichnen sich auch dadurch aus, daß sie zwar viele Ziele haben, sich aber grundsätzlich jeweils nur auf ein einziges Ziel konzentrieren. Ihre ganze Aufmerksamkeit und Energie lenken sie konsequent auf ihr oberstes Ziel.

> Wohin ich meine Aufmerksamkeit lenke, dorthin fließt meine Lebensenergie.

Das Richtige ist das Wichtige

Verzettelung ist die größte Gefahr für den Erfolg. Es geht nicht darum, zu handeln oder gar richtig zu handeln, sondern in erster Linie darum, die richtigen Dinge zu tun: was jetzt zur Erreichung des nächstwichtigen Ziels erforderlich ist.

Was der menschliche Geist ersinnen und glauben kann, kann er auch erreichen. Denken Sie nur an einige wenige Beweise und Beispiele - Hochhäuser, Erfindungen, Herzverpflanzungen, die Landung auf dem Mond.

Erfolge sind überwundene Widerstände.

Definition für Erfolg

Eine besonders treffende Definition für Erfolg lautet: "Erfolg ist die zunehmende Verwirklichung eines Zieles trotz vorhandener Widerstände."

Motivation durch bewußte Zielsetzung

Wer ein persönlich wichtiges Ziel verwirklichen will, kann und wird es erreichen. Wer dagegen dieses Ziel oberster Priorität, für das er alles andere zurückstellt, nicht hat, wird kaum erfolgreich sein, nur wenig oder nichts erreichen: Er mobilisiert keine inneren Kräfte, besitzt keinen Antrieb, weiß nicht, worauf er sich konzentrieren soll, erntet keinen Erfolg, wird mutlos.

Ein Leben im Treibsand oder Erfolg?

Jeder Mensch, der in seiner Vorstellung einen Wunschtraum vor Augen hat, wird ihn realisieren, weil er sich dafür einsetzt. Erfolgserlebnisse sind beinahe lebensnotwendig. Deshalb muß jeder von uns für sich entscheiden, welches sein wichtigstes Ziel ist. So sollte es sein. Doch nur etwa fünf Prozent aller Menschen wissen davon bewußt oder unbewußt: Von allen Menschen, denen Sie auf der Straße begegnen, wissen nur fünf von hundert, wofür sie augenblicklich arbeiten, welches Ziel die höchste Priorität hat. Die restlichen 95 lassen sich treiben, schwimmen im allgemeinen Strom; sie hoffen, daß ihnen irgendwann doch etwas Gutes widerfährt oder wenigstens nichts Schlechtes.

Geplanter Erfolg

Kennen Sie Ihr wichtigstes Ziel? - Steuern Sie es kompromißlos an! Mit Zielbewußtsein und gesundem Menschenverstand erreichen Sie in kurzer Zeit mehr, als andere jemals in ihrem Leben erreichen.

Erfolg: Schritt für Schritt, eins nach dem anderen.

Erweiterung bewußter und unbewußter Fähigkeiten

Von erfolgreichen Persönlichkeiten lernen

Die Verwirklichung Ihres Ziels ist Ihnen ein stets präsenter Grundgedanke. Er prägt sich Ihrem Unterbewußtsein ein und steuert zielsicher Ihr Denken und Handeln. Erfolgreichste Frauen und Männer bestätigen diesen Prozeß.

Gedankenfilm

Lassen Sie Ihr oberstes Ziel möglichst oft wie einen Film vor Ihrem geistigen Auge ablaufen, als hätten Sie es bereits erreicht. So halten Sie direkt Kurs auf Ihr Ziel und sind in der Lage, sich selbst zu motivieren.

Spontane Kreativität

Nach kurzer Zeit werden Sie bereits feststellen, wie intensiv Ihr Verstand während des ganzen Tages arbeitet. Sie nehmen Dinge wahr, von denen Sie bisher keinerlei Notiz genommen hatten. Genau darin steckt nun Ihre Chance für Ideen. Ganz spontan wird sie durch Assoziationen im Zusammenhang mit dem, was Sie gerade sehen, denken, lesen, hören, ausgelöst. Seien Sie sich dieser Chance bewußt: Nur "eine einzige" großartige Idee kann Ihre gesamte Arbeit revolutionieren, sogar Ihre ganze Lebenssituation verändern.

Notizbereitschaft

Den Geist intensiv trainieren

Trainieren Sie deshalb Ihren Geist. Sie müssen ihn genauso trainieren wie die Muskeln Ihres Körpers. Der Verstand des Menschen vermag Großes. Hätte er sich nur auf seine Muskeln verlassen, um zu überleben, wäre er sicher längst ausgestorben - so wie die Dinosaurier, obwohl sie die physisch stärksten Tiere waren, die je auf der Erde lebten.

Erfolgsfaktoren: Konsequenz und Zielbewußtheit

Konsequenz und zielorientiertes Handeln sind die Erfolgsfaktoren Nummer eins. Ihre persönlichen Erfolgsfaktoren bestimmen die Richtung, auch im Umgang mit Ihrer Zeit. Aber dazu später mehr.

Meine Ziele nach Prioritäten △

1	Neue Großkunden - Strategie
2	Niederlassungen: Hannover Neuer Standort in Celle
3	Eigene Arbeitsbelastung reduzieren
4	Verkaufstagung
5	Erneuerung verschiedener Produktionsanlagen
6	Mitarbeiterausbildung / Seminare
7	Amerika - Reise vorbereiten
8	Messeplanung
9	Mehr Zeit für Familie + Hobby
10	Jörg

Klarheit über meine Erwartungen — **Meine Ängste**

Ihr größter Feind

Furcht oder Befürchtungen sind der größte Feind des Menschen. Was wir befürchten, wird in unser Leben treten.

Millionen von Menschen fürchten sich vor der Zukunft, vor dem Alter und dem Tod. Sie haben Angst zu versagen, nicht den Erwartungen anderer zu entsprechen und deshalb verurteilt zu werden.

Angst, Verselbständigung, Eigendynamik

Daß sie damit aber die Realität ihrer Befürchtungen heraufbeschwören, wissen sie meistens nicht. Befürchtungen sind Inhalt und Folge ihrer Gedanken: Sie fürchten sich somit vor ihren eigenen Gedanken. Die meisten Befürchtungen sind irrational, sind einfach Einbildungen eines irregeführten Geistes.

Mißerfolge ausschalten

Wenn Sie nun wissen, daß unsere Gedankeninhalte unsere Lebenserfahrungen erschaffen, dann erkennen Sie auch, daß Ihre Angst besondere Anziehungskraft ausübt auf alles, was Sie befürchten. Deshalb: Beschäftigen Sie sich nur mit positiven Gedanken, Worten und Gefühlen, nur mit dem, was Sie "zu erreichen wünschen". Verschwenden Sie keine Energie auf Dinge oder Situationen, die Sie "nicht" erleben wollen.

Innere Blockaden überwinden

Alle Befürchtungen sind Hindernisse, die wir uns selbst in den Weg legen. Erst wenn wir diese inneren Blockaden durch positives Denken, durch Vertrauen zu uns selbst aus dem Weg räumen, ist die Straße zu Erfolg und Glück frei. Bedenken Sie: Sie ganz allein bestimmen Ihre Gedanken. Sie ganz allein bestimmen die positive oder negative Richtung Ihrer inneren "verursachenden Kräfte".

Arbeit an der eigenen Zukunft

Machen Sie sich am besten schriftlich bewußt, welche Gedanken und Vorstellungsbilder Sie mit sich herumtragen, die gegen Ihre Wünsche und Ziele sprechen. Nur wenn Sie wissen, was Sie blockiert, können Sie es ändern.

Schriftliche Bewußtwerdung

Schreiben Sie sich Ihre Ängste, Ihre Sorgen und Befürchtungen von der Seele. Und schreiben Sie sogleich zu jeder Furcht eine gegensätzliche, positive Formulierung auf. Wenn Ihnen dabei wiederum ein negativer Gedanke in den Sinn kommt, so halten Sie sofort eine positive Formulierung dagegen. Fahren Sie in dieser Form so lange fort, bis kein Zweifel, keine Befürchtung mehr Ihren Erfolgsglauben beeinträchtigt. Nur so können Sie alle Ihre inneren Hindernisse bewältigen und Ihrem Erfolg freie Bahn verschaffen.

Verursachter Erfolg

Erfolg ist, was *er-folgt*. Er ist eine Folge Ihrer Gedanken, Vorstellungen und selbstbewußt ausgeführter Handlungen. Insofern ist alles rückführbar auf Ideen und die Umsetzung in die Wirklichkeit. Gehen Sie jedes Ziel und jede Aufgabe mit einer positiven Erwartungshaltung an. Haben Sie keine Angst. Angst ist der teuerste Gast in Ihrem Gehirn. Was ist Angst überhaupt?

Was ist Angst?

Angst kommt in uns auf, wenn wir uns einer Sache nicht gewachsen fühlen, wenn wir etwas erreichen wollen/sollen und uns von vornherein überfordert fühlen. Damit verursachen wir unsere Sorgen selbst. Sie wiederum kosten Energie - Energie, die uns bei der Zielverwirklichung abgeht. - Lassen Sie los von Ihrer Angst und Ihren Sorgen.

Sagen Sie sich:

> "Ich weiß, was ich will. Deshalb denke ich nur noch an meine Ziele und Wünsche. Für andere Dinge kann und will ich mich nicht engagieren!"

Tiefes Selbstvertrauen überwindet alle Hindernisse

Mit dieser Erfolgseinstellung meistern Sie alle Hindernisse. Sie empfinden sie vielmehr als eine positive Herausforderung zur Erprobung Ihrer Fähigkeiten und bestärkenden Selbstbestätigung. Sie gewinnen an Lebenserfahrung, machen Fortschritte in der Entfaltung Ihrer Persönlichkeit, trauen sich mehr zu, setzen sich neue Ziele, um sie erneut erfolgreich zu "erobern"!

> "An Grenzen stößt nur, wer an sie glaubt."

Ein (erreichtes) Ziel beschreibt eine Stufe auf dem Weg zur Selbstverwirklichung - niemals eine Grenze. Erfolg kennt keine Grenzen, es sei denn, sie sind selbstauferlegt.

Vorprogrammierter Mißerfolg

Negative innere Einstellungen wirken mehrfach negativ: Sie programmieren den Mißerfolg von vornherein vor. Er trifft Sie weniger hart, weil Sie ihn "innerlich" bereits zugelassen hatten. Er löst keine Motivation im Sinne von “jetzt erst recht” aus, denn in gewisser Weise ist ein Mißerfolg sogar ein Erfolgserlebnis: Ihre innere Einschätzung wurde ja bestätigt.

Unbewußte Handlungsmuster

Mit einer negativen Einstellung steht alles, was Sie tun, unbewußt unter einem negativen Vorzeichen: das daraus resultierende Ergebnis und auch, wie Sie auf andere wirken. Sie strahlen keine Selbstsicherheit aus. Sie können andere nicht begeistern, überzeugen, für eine Idee gewinnen: Sie finden nur die falschen Argumente. Sie beantworten die Fragen des Kunden nicht überzeugend genug. Sie handeln unbewußt völlig falsch.

Aber das muß nicht sein. Drehen Sie den Spieß einfach um, denn es gilt ebenso sicher: Wer vom Erfolg innerlich überzeugt ist, wird auch erfolgreich handeln.

Blockaden in Erfolgsfaktoren verwandeln

Vertrauen Sie dem Gesetz der Natur. Machen Sie sich frei von inneren Blockaden. Denken Sie vor jeder Zielverwirklichung bewußt darüber nach, warum Ihr Erfolg noch nicht absolut sicher ist. Schreiben Sie Ihre Glaubensüberzeugungen auf, und dann denken Sie darüber nach, warum Sie dies glauben. Überzeugen Sie sich selbst davon, ob und inwiefern dieser "Glaube" falsch ist. - Könnte das Gegenteil nicht genausogut zutreffen? Schreiben Sie sich die Sätze auf, die Ihren Erfolgsglauben bekräftigen.

Macht der Bejahung

Lesen Sie diese Bekräftigungssätze mehrmals am Tag. Sie werden feststellen, daß sich Ihre Erfolgseinstellung positiv verändert. Und wenn Sie gefühlsmäßig vom Erfolg erst einmal

Seelische Stütze des Unterbewußtseins

überzeugt sind, wird er nicht ausbleiben. Ihr Unterbewußtsein unterstützt Sie, führt Sie zum größtmöglichen Erfolg. Unbewußt handeln Sie automatisch richtig, zur rechten Zeit. Sie müssen nur an sich selbst glauben und auf die unsichtbare Kraft des Erfolgsglaubens vertrauen.

Meine inneren Widerstände
Meine Affirmationen

!

Nr.	Meine inneren Widerstände	Nr.	Meine Affirmationen
	Ich muß mich um alles selbst kümmern!		Ich habe Vertrauen in die Fähigkeiten meiner Mitarbeiter. Ich bejahe die Entfaltung ihrer vollen Leistungskraft.
	Aber: Ich habe häufig schlechte Erfahrungen mit der Delegation von Aufgaben gemacht.		Ich vertraue meinen Mitarbeitern und zeige es offen. Dies aktiviert Leistungsreserven und rechtfertigt wiederum mein Verhalten.
	Ich mag keine Fehler; bei mir nicht und bei den Mitarbeitern nicht.		Ich nehme mir Fehler nicht mehr so zu Herzen. Ich weiß, meine Mitarbeiter sind fähig, und ihr Verhalten verbessert sich, wenn ich an sie hohe Erwartungen stelle und die Erfüllung in Vertrauen erwarte.
	Ich delegiere ungern.		Gerne und voller Vertrauen gebe ich die Arbeit an meine Mitarbeiter weiter. Ich freue mich über mein neues Vertrauen zu meinen Mitarbeitern und zur gewonnenen Freizeit.

Meine inneren Widerstände
Meine Affirmationen

!

Nr.	Meine inneren Widerstände	Nr.	Meine Affirmationen
	Es fällt mir schwer, Jörg zu verstehen.		Ich nehme Jörg so an, wie er ist. Es ist sein Recht, so zu leben, wie er möchte.
	Jörg übertreibt aber manchmal!		Ich liebe Jörgs wirkliches Wesen und setze Handlung und Persönlichkeit nicht mehr gleich. Ich bejahe seinen guten Kern.
	Ich verhalte mich nicht offen, und Jörg spürt meine Ansichten!		Ich muß meine Ansichten nicht ändern, wenn ich die Ansichten Jörgs so akzeptiere, wie sie sind. In dieser Annahme liegt für uns beide der erste Schritt zur Harmonie.
			Ich strahle den guten Willen aus, trotz unterschiedlicher Ansichten in Harmonie zu verbleiben.

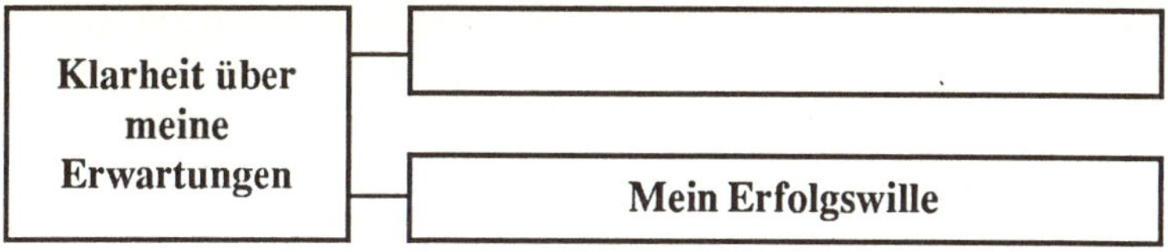

Anfangs-schwierigkeiten

Häufig fühlen wir uns unfähig zu handeln, weil wir nicht so recht wissen, wie wir beginnen sollen. Wir haben nicht gelernt, das in uns liegende Potential freizusetzen. In Wahrheit sind wir aber keineswegs so, wie wir es uns häufig einreden. Jeder von uns ist in seiner wahren Natur eine selbstbestimmte Persönlichkeit.

Wahlfreiheit

Es liegt allein in Ihrer Hand: Sie sind intelligent, ein Wesen voller unentdeckter Fähigkeiten. Fragen Sie sich selbst:

"Welche Fähigkeiten besitze ich?"

Entscheidung

Sie haben viele, nur haben Sie bisher nicht zugelassen, daß sie sich entfalten - vermutlich aus Unwissenheit. Woher sollten Sie auch wissen, was Sie können und was nicht. Geben Sie Ihrem Leben, Ihrem Erfolg die Chance.

Kraftwerk Erfolgswille

Ihr Wille zum Erfolg ist Ihr innerer Antrieb und die beste Voraussetzung, um neue Wege zu wagen, persönlich zu wachsen und tiefere Einsichten zu gewinnen.

In Ihrem Streben nach mehr Einsicht und Wissen unterscheiden viele Menschen nicht mehr nach erlernbarem Wissen und Erfahrung.

Erkenntnis kontra Erfahrung

Beides suchen sie fertig aufbereitet zur "geistigen Verdauung" in Büchern und Seminaren. Sie eignen sich viel Wissen an, können damit aber nur wenig für sich selbst gewinnen. Würden sie sich nach innen wenden, um die Strukturen ihrer Gedanken, ihrer Gefühle und ihrer Handlungen gleichzeitig zu analysieren, dann würden sie rasch erkennen, daß die Einstellung von ausschlaggebender Bedeutung für das, was und warum sie etwas tun, ist.

Die innere Einstellung entscheidet über Erfolg und Mißerfolg. Sie kann

1. positiv sein und konstruktiv wirken;
2. undefinierbar sein und sich durch Orientierungslosigkeit ausdrücken;
3. negativ sein und destruktiv wirken.

Gleichgültigkeit oder Erfolgsinteresse

Die innere Einstellung bestimmt das rhythmische Muster unserer Gedanken, Gefühle und Handlungen. Null Engagement und Gleichgültigkeit werden nur weniges zuwege bringen. Interesse kann dagegen Ursprung großartiger Neuerungen sein. Auslöser hierfür ist der positive, dynamisch konstruktive Gedanke.

Wirksame Energien

Was in diesem Gedanken entsteht, wird wachsen, blühen und eine fantastische Ernte bringen, ähnlich der Anpflanzung eines Gartens: Toter Samen läßt keine Ernte erwarten, nehmen wir jedoch lebendige, vitale Samenkörner, dann wird auch die Ernte entsprechend sein.

Wir genießen keinen Überfluß in allen Lebensbereichen zugleich. Gesellschaftlich, physisch, psychisch und materiell müssen wir erst immer mit Veränderungen fertig werden können. Deshalb ist es so wichtig, eine innere Einstellung zu pflegen, die das "Beste" und das "Allerhöchste" erwartet.

Der Tod im Leben

Ohne lebendige Einstellung, Erwartungen, Hoffnungen, Ziele leben wir nicht wirklich. Nur wenn wir positiv und konstruktiv denken, machen wir Fortschritte, persönlich, beruflich, privat. Das Leben setzt keine Grenzen, nur der Mensch sagt nein, aufgrund seiner inneren Einstellung, aus Angst, mangelndem Selbstvertrauen oder Interesselosigkeit.

Bewußt die eigenen inneren Chancen entdecken

Können wir nun unsere Einstellung ändern? Ja, indem wir eine Selbstanalyse vornehmen und uns äußerst kritisch betrachten. Man könnte zum Beispiel fragen: "Wie gehe ich an die Sache heran? Welche Impulse gehen von mir aus? Ist meine Ausstrahlung positiv, voller Erwartung, Freude? Bin ich eine dynamische, pulsierende und Interesse weckende Persönlichkeit?"

Universalität der Naturkräfte

Aufgeschlossene Menschen, Menschen mit persönlicher Ausstrahlung wirken auf andere eher sympathisch, weil ihre "positive" Einstellung sofort spürbar wird. Ihnen wird es immer leichter fallen, Kontakte zu knüpfen und auf Gleichgesinnte zu treffen, weil hier die Kräfte des "Magnetismus," der gegenseitigen Anziehung, ins Spiel kommen: Die Gedanken, die wir aussenden, wirken magnetisch auf das, was unserer inneren Struktur entspricht.

Zu viele Menschen verhalten sich passiv. Aus Unwissenheit oder auch aus Bequemlichkeit haben sie nicht den Ehrgeiz oder inneren Antrieb, selbst in ihr Leben etwas einzubringen, das Interesse anderer zu wecken, durch gegenseitigen Austausch ihre Lebensqualität zu verbessern. Sie existieren, aber sie leben nicht.

Alles ist verwirklichter Gedanke

Positive Gedanken lösen positives Handeln aus, ermöglichen positive Resultate. Alles Wachstum beginnt mit einem positiven Gedanken. Nur dann kann es Wachstum geben.

Das Leben des Menschen spielt sich in einer "Erfahrungswelt" ab. Wir erleben, was wir gemäß unserer Einstellung denken. Unser Erfolg hängt von unserem Willen zum Erfolg ab. Die Prüfung unserer Situation, die Formulierung entsprechend positiver Gedanken und deren Verwirklichung sind die "wesentlichen" Voraussetzungen, um stets ein ausgeglichenes, erfülltes Leben zu erfahren - um letztendlich erfolgreich zu sein.

Mein Erfolg

Mein Erfolg wird größer,
wenn ich außer den bisher
genutzten "objektiven" Methoden
auch die "subjektiven" Möglichkeiten
jeden Tag einsetze.

Ich arbeite mit Visionen und
Affirmationen, um alle Möglichkeiten
auszuschöpfen, die meinem Erfolg
und meiner Zufriedenheit dienlich
sind.

Ich erwarte mehr Erfolg,
Glück und Zufriedenheit.

Das ist so!

Klarheit über meine Hindernisse	Meine Hindernisse

Wenn Sie alle bisherigen Ratschläge in diesem Buch praktisch umgesetzt haben, dann sind die Weichen für Ihren Erfolg bereits gestellt.

Äußere Hindernisse

Das soll aber nicht heißen, daß keine Hindernisse mehr auftauchen könnten. Positives Denken und eine positive Erwartungshaltung bedeuten nicht, daß negative Erfahrungen nunmehr von vornherein ausgeschlossen sind. Auch Menschen mit einer positiven Grundeinstellung werden mit Schwierigkeiten konfrontiert. "Negativ-Denker" und "Positiv-Denker" unterscheiden sich nur darin, wie sie ihre Schwierigkeiten lösen: mit Angstgefühlen und mangelndem Selbstvertrauen oder mit Zuversicht und Selbstsicherheit.

Dieser entscheidende kleine Unterschied macht den Erfolg aus.

> "Wir können nicht zu hundert Prozent bestimmen, was uns im Leben begegnet, aber wir können lernen, zu hundert Prozent damit positiv umzugehen."

In Lösungen denken statt in Problemen

Hindernisse auf dem Weg zum Erfolg sind Herausforderungen. Wer sie annimmt, lernt automatisch, in Lösungen zu denken. Wer sie

Lernen aus dem (Miß-) Erfolg anderer

übergeht, denkt dagegen in Problemen und provoziert stets neue "Stolpersteine;" er nimmt sich selbst die Chance, aus der selbständigen Überwindung von Hindernissen dazuzulernen. Deshalb: Betrachten Sie jede Hürde als eine Gelegenheit zur Selbstentfaltung und Selbstvervollkommnung. Erfolgreichste Persönlichkeiten sind der Beweis: Für sie gibt es kein Aufgeben, denn zum Aufgeben ist es immer zu früh. Denken Sie an Thomas A. Edison, der über zehntausend Fehlversuche unternahm, bis er endlich seine Glühbirne erfunden hatte. Er ließ sich von Rückschlägen niemals von seinem Ziel abbringen.

Bewußte Informationssammlung

Damit Sie nicht in Versuchung geraten, offenbare Hindernisse zu übergehen, machen Sie sich stichpunktartige Notizen: Analysieren Sie alle hindernisrelevanten Informationen. Beschäftigen Sie sich bewußt mit Ihrem Problem, damit Ihr Unterbewußtsein genügend Informationen erhält, um Ihnen später behilflich sein zu können. Und: Denken Sie daran, daß Sie bewußt den Bedarf Ihrer Fähigkeiten formulieren müssen, bevor Ihnen diese von Ihrem Selbst zur Verfügung gestellt werden können.

Was ist ein "Problem"?

Problembewußtsein

Wie das Wort schon sagt, handelt es sich um *Pro*-bleme und nicht um *Kontra*-bleme. *Pro* heißt *für*. Sehen Sie jedes Problem als etwas *Gutes* an, auch dann, wenn Sie das Gute noch nicht erkennen können. Dazu gehen Sie wie folgt vor:

1. Problemdefinition

Beschreiben Sie Ihr Problem genau, unter unterschiedlichen Gesichtspunkten.

2. Mögliche Ursachen

Denken Sie bewußt über die möglichen Ursachen Ihres Problems nach; schreiben Sie alles auf, was Ihnen dazu in den Sinn kommt.

3. Wahrscheinlichste Ursache

Wählen Sie dann die Ursache aus, die Ihrer Meinung nach die wahrscheinlichste ist.

4. Vision - Idealzustand

Lösen Sie sich jetzt ganz von Ihrem Problem. Denken Sie darüber nach, wie Sie sich den Idealzustand vorstellen, wenn Sie das Problem gelöst haben. Schränken Sie sich dabei in Ihrer Denkweise nicht ein. Denken Sie nicht darüber nach, ob es überhaupt möglich ist, diesen Idealzustand zu erreichen. Und denken Sie wiederum schriftlich.

5. Zielsetzung / Aktionsplan

Erarbeiten Sie schriftlich realistische Lösungsansätze. Dazu spielen Sie die einzelnen Möglichkeiten in Gedanken durch. Beginnen Sie Ihr Gedankenspiel stets mit *Wie kann ich erreichen, daß...?* (Auf diese Weise definieren Sie im Handumdrehen die Fähigkeiten, die das Ziel an Sie stellt.)

Sollte Ihnen keine realisierbare Lösung eingefallen sein, so übertragen Sie Ihr Problem Ihrem Unterbewußtsein. Es kennt alle rationalen Fakten, da Sie diese vorher schriftlich erarbeitet haben. Gehen Sie wie folgt vor:

Abendliche Übung zur Problemlösung

Abends vor dem Einschlafen entspannen Sie sich ein wenig. Denken Sie nun an Ihr Problem und sagen Sie sich in Gedanken: "Mein Selbst kennt den Sachverhalt meines Problems. Zur rechten Zeit wird es mir eine Lösung zuspielen - so ist es!" Schlafen Sie dann beruhigt ein.

Stets notizbereit, auch nachts

Halten Sie Papier und Schreibgerät nachts stets griffbereit. Es kann sein, daß Sie spontan aufwachen und die Lösung wissen. Schreiben Sie die Lösung sofort auf, denn sie ist unwiederholbar verschwunden, wenn Sie nicht gleich notiert wird. Ebenso ist es möglich, daß Ihnen die Lösung im Laufe des nächsten Tages oder später, aber auf jeden Fall rechtzeitig, bewußt wird. Und wenn es in der letzten Minute sein sollte!

Problem

Problem-Definition

Zu wenig Freizeit für Familie + Freunde

Mögliche Ursachen

1. Zuviel Arbeit + Pflichten
2. Überbewertung meiner Anwesenheit im Betrieb
3. Mangelnde Delegation von Aufgaben

Wahrscheinlichste Ursache

Mangelnde Delegationsbereitschaft und zu wenig Vertrauen in die Fähigkeiten anderer.

Idealzustand

Ich bearbeite nur noch außergewöhnliche Fälle weitreichender Bedeutung.

Ich delegiere möglichst vieles und überwinde meine inneren Vorurteile.

Ich habe Vertrauen – alles läuft!

Zielsetzung – Wie kann man erreichen, daß …

ich möglichst viel delegiere?

ich Vertrauen entwickle?

ich Vorurteile gegenüber anderen abbaue

Problemlösung

Lösungen	Lösungsprioritäten: Wichtigkeit fürs Ziel △	Lösungsprioritäten: Chance der Realisierbarkeit △
Auflistung aller Tätigkeiten, die ich nicht unbedingt selbst ausführen muß.	◁	△
Delegationsplan aufstellen mit langfristigen, dauerhaften Instruktionen.	◁	△
Visionen zur Vertrauensentwicklung erarbeiten.	△	△
Vorurteile aufschreiben und mit Hilfe von Affirmationen positiv verändern.	△	△

Aktionsplan

Maßnahmen	△	Verantwortung	Beginn	Fertig	✓
Vision erarbeiten		selbst	sofort		
Affirmationen erarbeiten		"	"		
Aufstellung aller Tätigkeiten …		Frau Engel			
Delegationsplan		selbst + Abt.-Leiter			

Klarheit über meine Hindernisse

Meine Überwindungsideen

Kaum ein Mensch ist so originell, daß er am laufenden Band Ideen produziert, die es zuvor noch nie gab.

Kreativität fördern

Aber jeder Mensch fordert seinen Ideenreichtum heraus, wenn er sich intensiv mit einem Problem auseinandersetzt, nach Lösungen sucht und sein Denken aktiviert. Eine Schulung des Denkens ist auch immer eine Schulung des Verstandes.

Phasen wirksamen Denkens

Da Kreativität in der Aktivität des Denkens liegt, sollten wir uns klar vor Augen führen, in welche Phasen sich der Denkprozeß unterteilt:

1. Erfassen neuer Informationen
2. Erinnern an vorhandene Informationen
3. Vergleichen neuer und alter Informationen
4. Schöpfen neuer Lösungen

Häufig wird nur der vierte Punkt als kreative Leistung bezeichnet, doch die ersten drei Punkte gehören untrennbar dazu.

Das Leben als Vorbild

Auch hier können wir vom Leben lernen. Wenn es uns gelingt, unsere Wahrnehmungsfähigkeit zu steigern, dann werden wir aus der Differenz zwischen dem "Bekannten" und dem "Unbekannten" leichter Ideen zur Überwindung der Hindernisse schöpfen können.

Dazu einige grundlegende Informationen über die universelle Lebenssteuerung durch Wahrnehmungen:

Gefühle, Wahrnehmungen - was wollen sie uns sagen?

Haben Sie schon einmal darüber nachgedacht, was Ihnen Ihre täglichen Gefühle sagen wollen? Oder glauben Sie, daß Ihre unterschiedlichen Gefühle nicht von Bedeutung sind? Daß es eben unbedeutend ist, ob Sie glücklich, vital, aktiv oder müde, unzufrieden und mißgestimmt sind?

Ihre Gefühle sind keinesfalls nur Zufall oder Laune der Natur oder Ihres Geistes. Alle Gefühle, angefangen von schwachen, kaum wahrnehmbaren Stimmungsschwankungen bis hin zu heftigen Mißstimmungen, sind Botschaften Ihres Selbst. Sie sind die Sprache, über die sich Ihnen Ihr Selbst mitteilt.

Feinstofflicher Urgrund

Ihr Selbst verfügt über Informationen, wie Sie Ihre Hindernisse überwinden können. Es hat Verbindung zum großen "Ganzen" und die Aufgabe, Sie immer wieder an Ihr Ziel zu erinnern, Ihnen Hinweise zu geben, wann Sie auf dem richtigen und wann Sie auf dem falschen Weg sind.

Die Sprache der Gefühle und Wahrnehmungen ist "das" Steuerinstrument des Universums, das uns immer wieder in Aktion setzt.

Vertraute Wahrnehmungen

Wenn Ihr Körper Nahrung benötigt, dann spüren Sie Hunger. Wenn Ihr Körper Flüssigkeit will, verspüren Sie Durst und trinken etwas. Wenn Ihr Körper überarbeitet ist, zeigt er Ihnen, daß er Erholung braucht - Sie fühlen sich beispielsweise kraftlos und müde.

Diese natürliche Sprache verstehen auch wir. Würden wir die Aufforderung unserer Gefühle nicht beachten, würde sie deutlicher werden, notfalls Schmerz auslösen.

Mehr Spürsinn entwickeln

Ähnlich ist die Sprache des Universums, wenn es um die Entfaltung unseres Lebens geht; wenn es uns sagen will, was es von uns erwartet. Natürlich kann das Universum sein Ziel nur erreichen, wenn wir die Gefühle bewußt wahrnehmen und unser Verhalten danach richten.

"Wer nicht hören will, muß fühlen."

Beachten wir die Hinweise nicht oder verdrängen wir sie einfach, muß der nächste Hinweis mit mehr Nachdruck erfolgen. Die Sprache des Universums ist immer die gleiche: Erkennen wir nicht, so kann sich der Hinweis bis zu einer unübersehbaren Leiderfahrung steigern. Es liegt bei uns, ob und wann wir hören wollen. Nutzen Sie die Chance und verstehen Sie, daß Sie immer zwischen Leid und Erkenntnis wählen.

Ein geniales Urprinzip

Sie entscheiden sich für den Weg der Erkenntnis, wenn Sie in sich hineinhören und entsprechend handeln. Die Sprache der Gefühle ist so genial einfach, daß sie tatsächlich von jedem Menschen spielend leicht verstanden werden kann. Damit erreicht das Universum, daß an Säugling wie Greis, auf den geistig Schwachen wie auf das Genie, Analphabeten wie Hochschulprofessor das gleiche Steuerprinzip anwendbar ist.

Wir selbst sind unser bester Helfer

Jeder Mensch kann diese Sprache verstehen. Aber nicht jeder beachtet sie. Es liegt allein in der persönlichen Verantwortung eines jeden Menschen, sich danach zu richten und damit Glück und Zufriedenheit in sein Leben zu bringen oder die Hinweise zu mißachten, um damit leidvolle Lebenserfahrungen zu provozieren. Begreifen Sie, welche Chancen sich für Glück, Erfolg, Harmonie und Zufriedenheit in Ihrer Hand befinden. Aber nur Sie selbst können Ihre Chancen nutzen oder verstreichen lassen. Die Folgen, ob positiv oder negativ, tragen nur Sie ganz allein.

Außen ist innen, und innen ist außen.

Beachten Sie Ihre Gefühle und Ihre Gedanken. Sobald Sie sich Ihre äußeren Hindernisse, die sich Ihrem Erfolg in den Weg stellen, durch bewußte Analyse und rationale Beschäftigung mit realistischen Lösungswegen bewußt gemacht haben, kümmern Sie sich um Ihre inneren Wahrnehmungen. Sie werden mehr und mehr herausfinden, wie Sie handeln müssen, um den Sieg über jedes Hindernis davonzutragen.

Sie werden auch andere Beurteilungskriterien anlegen, was Ihnen Probleme, Situationen, Rückschläge und andere Informationen sagen wollen, die in Ihr Leben treten.

Ganzheitliche Alltagsbewältigung

Sie werden in der Lage sein, alle äußeren und inneren Wahrnehmungen insgesamt zu interpretieren. Wenn Sie dieses Steuerungsprinzip des Lebens in jeder Minute Ihres Alltags beachten, werden Sie in der Lage sein, jedes

Hindernis durch die Synthese von bewußtem, verstandesmäßigem Handeln und bewußter Innenschau zu meistern.

Notizen als Gedächtnisstütze

Eine Stütze, die Sie nie vergessen sollten, ist Ihr Notizbuch. Halten Sie die wichtigsten Stichpunkte stets schriftlich fest. Auch wenn Sie glauben, ausreichend routiniert zu sein. Es ist schwer, alle Informationen zu behalten und im entscheidenden Moment richtig zu nutzen.

Wenn Sie sich bewußt mit einem Hindernis beschäftigen, verwenden Sie das Formular *Problemlösung* (siehe Seite 97/98). Informationen, die Ihnen bei der Auseinandersetzung mit Ihren Gefühlen und Wahrnehmungen bewußt werden, halten Sie auf dem Formular *Glaubensüberzeugungen / Affirmationen* fest (siehe Seite 34). Ihre Schlußfolgerungen schreiben Sie auf die *Chancenliste* (Abbildung siehe Seite 104).

Chancenliste

Zu lösende Probleme/Unrationelle Aufgaben/Mögliche Gefahren	Lösungspriorit. △ Ziele	△ Realisierbar	Termin	✓
Preiskampf, wenn Vorteile nicht deutlichet werden	△	△		
- Vorteile ermitteln				
- Bessere Info-Strategie				
- Niederlassung Hannover nach vorn bringen Verkaufsleiter suchen - muß Spitzenmann sein!	◁	▽		
- Lagerkosten zu hoch Kapitalbindung reduzieren	◁	▽		
- Außendienst - Motivation verbesserungsbedürftig	△	◁		

Klarheit über meine Zeit — **Mein Handeln**

Wer sein Leben insgesamt erfolgreich gestalten möchte, muß die Wichtigkeit und Konsequenz der Zeit- und Lebensplanung erkennen.

Zeitverschwendung

Es ist erschreckend interessant zu beobachten, wie die meisten Menschen mit ihrem wertvollsten Kapital, der Zeit, umgehen.

Wieviel Zeit wofür?

Jeder Mensch hat - gerechterweise - die gleiche Zeit zur Verfügung - 24 Stunden pro Tag. Zeit läßt sich nicht beliebig vermehren. Was wir an Zeit in unsere berufliche Tätigkeit investieren, geht uns an Freizeit ab. Das kann sich auf unsere Familie oder auch auf die eigene Zufriedenheit auswirken.

Bewußter Umgang mit der Zeit

Zur optimalen Lebensentfaltung muß jeder selbst seine Zeit optimal, nach seinen individuellen Bedürfnissen, einteilen. Alle wirklich erfolgreichen und zufriedenen Menschen haben diese Voraussetzung erkannt. Unzufriedenheit ist häufig die Folge schlechter Zeiteinteilung!

Lebensglück schaffen aus dem Jetzt

Im Jetzt zu leben sollte deshalb stets oberste Priorität haben. Richten Sie Ihr tägliches Handeln darauf aus, aus jedem Tag einen erfolgreichen und positiven Tag zu machen.

Das können Sie, wenn Sie sich bewußtmachen, wie Sie mit Ihrer Zeit umgehen. Zeit ist etwas Kostbares! Zeitplanung ist Lebensplanung. Und Lebensplanung ist Erfolgs- und Zufriedenheitsplanung.

Effektivitätskontrolle

Damit Sie sich einen Überblick darüber verschaffen können, wie effektiv oder verschwenderisch Sie mit Ihrer Zeit umgehen, schreiben Sie einmal auf, wie Sie Ihre Zeit verbringen.

Schreiben Sie jeweils Tätigkeit, Nutzen und Bedeutung dieser Tätigkeit aus Ihrer Sicht auf sowie den Zeitaufwand.

Tätigkeit	Bedeutung, Nutzen aus Ihrer Sicht	Zeitaufwand

Zeitaufwand-Nutzen-Relation

Wenn Sie diese Liste erstellt haben, dann überprüfen Sie einmal, ob Tätigkeit, Zeitaufwand und Nutzen in einem tragbaren Verhältnis zueinander stehen. Überprüfen Sie auch, wie sehr diese Tätigkeiten mit Ihren Zielen und Zielprioritäten übereinstimmen. Vielleicht wissen Sie nun, warum Sie noch nicht zu mehr Erfolg und Zufriedenheit gelangt sind.

Und jetzt überlegen Sie, wie sehr sich Ihr Lebensglück und Ihr Erfolg verbessern können, wenn Sie von nun an Ihre Möglichkeiten

Glücks- und Zufriedenheits-reserven

"wirklich" ausschöpfen. Denn alles, was Sie bisher erreicht haben, haben Sie mit "nur" zehn bis fünfzehn Prozent Ihrer wahren Möglichkeiten erreicht. Aber: Sie müssen aus Ihrem Innersten bereit sein, Ihre Lebensprinzipien nicht nur oberflächlich zu ändern, sondern Sie müssen auch danach leben.

Geistesklarheit durch Zeitplanung

Raum und Zeit

Unser Leben kann sich nur in Raum und Zeit entfalten. Je mehr räumliches und zeitliches Durcheinander wir zulassen, um so unsicherer und unglücklicher fühlen wir uns. Je mehr wir aber unser Leben zeitlich und räumlich ordnen, um so leichter fällt es uns, die Übersicht zu bewahren. Wir verhelfen uns dadurch selbst zu innerer Sicherheit, gewinnen Selbstvertrauen und wagen den Schritt zur Selbstentfaltung.

Sich nicht leben lassen

Erfolgreiche Persönlichkeiten haben ihre Erfolge nur verursacht, indem sie in ihrem unmittelbaren Leben klare Verhältnisse geschaffen haben. Sie haben immer gewußt, was sie wollten. Sie haben selbstbestimmt gelebt und sich nicht leben lassen.

Unser Bewußtsein ist von Natur aus so beschaffen, daß wir nur im "Jetzt" wahrnehmen und erleben können. Auch das Denken an die Vergangenheit und an die Zukunft findet immer im "Jetzt" statt.

Wissenschaftler schätzen, daß die Mehrzahl der Menschen mit ihren Gedanken zu achtzig Prozent in der Vergangenheit oder Zukunft verweilen. Aber: Lebenslust, Glücksgefühle und Freude am Erleben sind immer nur so intensiv erlebbar, wie wir dafür bewußte Aufmerksamkeit entwickeln. Wenn wir nur ein Viertel des Bewußtseins mit positiven, lebensfrohen Inhalten ausfüllen können, weil drei Viertel des Bewußtseins von anderen Dingen beansprucht werden, dann brauchen wir uns nicht zu wundern. Ein erfülltes und glückliches Leben erfordert nun einmal hundertprozentige Aufmerksamkeit.

Lebensplanung, Zeitplanung

Lebensplanung und Zeitplanung geben uns die Möglichkeit zu bestimmen, wann wir welchen Lebensinhalten unsere gesamte Aufmerksamkeit widmen. Auf diese Weise gewinnt unser Bewußtsein mehr Freiraum und kann sich mehr dem gegenwärtigen Augenblick, dem gegenwärtigen Erleben und Geschehen widmen.

Einheit von Bewußtsein und Wahrnehmung

Lebenserfolg ist die Folge einer optimalen Einheit von Bewußtsein und Wahrnehmung im "Jetzt". Und das kann nur durch rationelle Lebens- und Zeitplanung gelingen.

Jede Lebensplanung ist aber nur dann gut, wenn sie uns das Leben erleichtert und durch seine Systematik dazu beiträgt, daß mehr und mehr autonome, also unbewußte Handlungsabläufe entstehen. Denn alles, was von unserem Unterbewußtsein autonom gesteuert wird, benötigt keine Planung.

Ziel muß daher sein, durch eine durchdachte, vom Unterbewußtsein allmählich internalisierte Lebensplanung sein Leben immer mehr zu entfalten, in eine Richtung, die Zufriedenheit und Glück im bewußten Erleben bringt.

Befreiung von "Mentalschrott"

Denken Sie daran, daß unsere Persönlichkeitsentfaltung von optimalen, nicht maximalen Spannungen abhängt. Planung und System können uns bei diesem Balancehalten erheblich unterstützen. Das *idé Zeit- und Lebensplanungs-System TM 2* gehört nach seiner Konzeption einer neuen Generation von Organisationssystemen an. Es befreit unser Bewußtsein von Denkinhalten und damit von mentalen Spannungen, die nicht das augenblickliche "Jetzt" betreffen. Wir werden dadurch gedanklich frei, leben leichter und entspannter, weil wir in unserem Bewußtsein weniger konkrete Gedankeninhalte oder Probleme speichern und stauen. Wir haben sie zu unserer Entlastung unserem Notizbuch übergeben.

Fähiger durch Energiegewinn

Dadurch gewinnen wir persönlich an Energie für unsere tägliche Lebensentfaltung. Dieser Energiegewinn macht uns fähiger zur Lösung unserer täglichen Aufgaben. Die leichter erzielten Lebenserfolge fördern wiederum unsere Zufriedenheit und Lebensfreude.

Sicher haben Sie den Unterschied zwischen reinem Zeitmanagement und Lebensmanagement schon erkannt.

Zeitmanagement

Zeitmanagement heißt: Alle Gedanken und Handlungen zeitlich effektiv ordnen, um dadurch immer das Wesentliche zur rechten Zeit zu erledigen. Wer sich auf eine bessere Zeitnutzung konzentriert, der hat schon viel gewonnen, denn er lebt für das, was wichtig ist.

Lebensmanagement

Lebensmanagement heißt: Das Leben begreifen, die "verursachenden" Lebensgesetze und daraus resultierenden Lebenserfahrungen verstehen und berücksichtigen, bevor wir uns der zeitlichen Umsetzung zuwenden. Bemühen wir uns nicht um das Management unserer Lebenserfahrungen, so leben wir zeitlich effektiver, aber nicht unbedingt qualitativ.

Zeit- plus Lebensmanagement

Wenn Sie nach den ersten sechs Schritten (die Kapitelschritte dieses Buches) Ihr Leben, Ihre Wünsche und Ziele entfalten, dann haben Sie Lebensmanagement betrieben. Mit dem siebten Schritt (Kapitel) setzen Sie die Ergebnisse zeitlich effektiv um.

Sie können jetzt beruhigt fortschreiten und die Realisierung Ihrer Wünsche und Ziele zeitlich effektiv anstreben.

Sie kennen Ihre Prioritäten und Sie haben auf dem bisherigen Weg alle Möglichkeiten Ihres Geistes und Unterbewußtseins genutzt. Sie wissen, was Sie in welcher Reihenfolge erreichen und verwirklichen wollen.

Wirkkraft JETZT

Der einzige Punkt, an dem ein Mensch etwas bewirken kann, liegt im Jetzt. Nur im Jetzt ist Einflußnahme möglich.

Betrachten Sie daher jeden Augenblick, an dem Sie Ihr Leben, Ihre Wünsche und Ziele, Ihre Prioritäten für das Jahr, den Monat oder den Tag planen, als den "Angelpunkt zur Verursachung Ihrer künftigen Lebenserfahrungen". Er entscheidet über Ihren Erfolg, Ihre Zufriedenheit und Ihr Glück.

Ordnung durch Zeitplanung

Bemühen Sie sich, der bisher ungewohnten Zeitplanung eine positive Seite abzugewinnen. Auch wenn Sie zunächst glauben, daß Sie dadurch eingeschränkt sind. Das Gegenteil werden Sie "erfahren".

Zielorientiertheit

Indem Sie Ihre Zeit planen, gewinnen Sie Energie, um sich intensiver auf das Gegenwärtige konzentrieren zu können. Ziele lassen sich dadurch leichter und schneller erreichen.

Innere Sicherheit

Wenn Sie allen Ihren Gedanken, Ideen und Handlungen bestimmte Zeiten der Aufmerksamkeit zuordnen, verfügen Sie über die Sicherheit, daß nichts vergessen wird und daß Sie sich im jeweiligen Jetzt nur um das für Zeit- und Wunschplan Wesentliche zu kümmern brauchen. Sie bündeln Ihre Realisierungskräfte für mehr Erfolg und Glück.

Mai	SA 4.51 SU 19.48 MA 22.25 MU 4.56	Dienstag **3**

18. Woche 1988

Wem von meinen Mitmenschen
kann ich bei einem Problem helfen?

124. Tag, noch 18 Arbeitstage Mai

Geburtstage/Gedenktage	Priorität	Erledigt	△	Priorität	Erledigt
Helmut			Innovationsplan		

Zeit	🕘	Termine	△	✓	Aktivitäten/Aufgaben	△	✓
08		Stille Stunde			Visionen erarbeiten		
					Affirmationen lesen		
09							
					Großkundenanalyse		
10					Innovationsplanung		
					besprechen		
11							
					Protokoll VK-Meeting		
12		Mittagessen					
		mit Mensing					
13							
14	30	Diktat					
15					MDE - Angebot		→
16					Tagesplan für morgen		
17							
18							
19							
20		Abendessen Rolf					
		+ Gitte					
21							
22							
					Tagesbilanz		

Besitzen
Erwerben

Jeder Mensch möchte Erfolg haben und in Harmonie und Zufriedenheit leben. Schnell und gewohnheitsmäßig denken wir in materiellen Begriffen von "Haben," "Besitzen" und "Erwerben." Diese Sichtweise haben wir durch unsere Erziehung und Bildung vermittelt bekommen. Sie entspricht aber nicht der wahren Lebensrealität.

Materie

Die Wissenschaft erkennt immer mehr, daß alle sichtbar gewordene Form - das Materielle - auf einer tieferen Ebene aus Energie besteht. Die sichtbar gewordene Form können wir "erwerben," "haben" und "besitzen," etwa Geld oder Sachwerte.

Verursachungsdenken statt Besitzdenken

Wenn wir unser Leben aber selbst zur optimalen Entfaltung steuern wollen, hilft uns diese materielle Sichtweise nicht weiter. Dann müssen wir dic tieferen Zusammenhänge des Lebens begreifen lernen und uns danach verhalten. Wir müssen lernen, wie Selbstentfaltung und Lebensverwirklichung begünstigt werden. Von vornherein ist dabei nach zwei Kriterien zu unterscheiden:

Materie = Besitzdenken

Energie = Verursachungsdenken

Trägheit überwinden

Trägheit ist die Grundeigenschaft der Materie, Aktivität die Grundeigenschaft der Energie. Wir Menschen werden von beiden Eigenschaften bestimmt, da wir sowohl Materie als auch Energie sind; beides ist in uns wirksam.

Aktivität entfalten

Wenn wir uns optimal entfalten, das Leben genießen wollen, müssen wir unsere Trägheit überwinden und aktiv werden. Wir müssen uns auf die inneren, energetischen Werte konzentrieren. Glück und Zufriedenheit und Erfolge entstehen aus dem Schaffen und persönlichen Erleben und Erfahren. Statt zunächst selbst etwas einzubringen, Gefühle, Risikobereitschaft, gezieltes Engagement, nehmen die meisten Menschen eine Erwartungshaltung ein: “Wenn ich nur hätte, könnte, dann ...” Dadurch setzen sie sich selbst unter Druck; versuchen fremden Ansprüchen zu genügen und übergehen sich selbst. Daß sie sich auf diese Weise nur selbst unglücklich machen, entgeht ihnen. Mangelnde innere Freude am Leben macht sie starr in ihrem Denken, Fühlen und Handeln. Doch nur was im "Fluß" ist, was Wirkung zeigt, führt zur optimalen Lebensentfaltung.

Wirksam sein

Entscheidend ist, daß wir in uns etwas bewirken und auch nach außen, über uns hinaus, wirksam werden lassen.

Unsere Fähigkeiten und Talente entfalten und trainieren wir nur, wenn wir die Chancen, sie einzusetzen, nutzen. Unser Zutun, unsere Aktivität, ist entscheidend.

Eine erfolgreiche und glückliche Persönlichkeit ist ständig aktiv. Diese Aktivität ist Kapi-

Materielle Werte durch Aktivität

tal, dessen Wert weit höher anzusetzen ist als materieller Besitz; denn Materielles resultiert aus Aktivität.

Gegenwarts-klarheit

Nur wer ständig aktiv ist, wer sich gedanklich nicht in Vergangenheit und Zukunft aufhält, sondern in der Gegenwart wirkt, nimmt die Gelegenheit zur selbstbestimmten Lebensgestaltung wahr.

Gezielte Selbstentfaltung

Geplante Lebensgestaltung

Wer im "Jetzt" einen Plan für die nächste Zukunft ausarbeitet, einen Tagesplan, Wochenplan, Monatsplan, Jahresplan oder Aktionsplan, der ist "im Jetzt wirksam" und beschäftigt sich damit, die Entfaltung seiner Persönlichkeit und seiner Lebensverwirklichung, also seine Zukunft, aktiv zu fördern.

Konzentriert bei der Sache sein

Planung ist aber nur dann sinnvoll und erfolgreich, wenn wir jetzt "voll bei der Sache" sind. Nur dann können wir "heute" wirksam handeln "für morgen." Und das sichert uns Erfolg, Zufriedenheit und Glück.

Klarheit durch Problemlösungs-fragen

Ob unser Denken und Wirken unsere Lebensentfaltung fördert oder hemmt, ob es sich um Planen und Problemlösen oder um sinnloses Grübeln in Vergangenheit und Zukunft handelt, das können wir leicht feststellen, wenn wir uns folgende fünf Fragen stellen:

1. Wem bringt mein Denken und Handeln Nutzen?
2. Fördert mein Denken und Handeln meine Lebensentfaltung?

3. Steigert dieses Denken und Handeln meine Lebenslust?

4. Schwächt dieses Denken und Handeln meine Lebensentfaltung?

5. Wem könnte mein Denken und Handeln schaden?

Seien Sie sich jedes Augenblicks bewußt, nutzen Sie ihn aktiv. Entfalten Sie sich, leben Sie nach Ihren Wünschen, Plänen, Zielen!

Effektivitätskontrolle

Lebensplan-Buch

Benutzen Sie ein Zeit- und Lebensplanbuch, um Ihre Entfaltung und Ihren Wirkungskreis steuern und überwachen zu können.

Dann wissen Sie,

- *wie* Sie sich effektiver entfalten können;

- *was* durch Sie / auf Ihre Veranlassung *wann* effektiv verursacht wird;

- *was später* aktiv in Angriff genommen werden muß, im Augenblick aber vertagt wird, um nicht die laufenden Aktivitäten zu stören.

Kontrollinstrument zur Selbstentfaltung und persönlichen Effizienz

Ein Beispiel für ein perfekt durchdachtes Lebensplan-Buch wäre das *idé Zeit- und Lebensmanagement-System TM 2*. Es ist ein praktisches Ringbuchsystem in ständig ergänzbarer Loseblattordnung. Es ist Terminkalender, Tagebuch, Notizbuch, Planungsinstrument, Erinnerungshilfe, Adressenregister, Nachschlagewerk, Ideen- und Chancenkartei, Telefonregister und Kontrolleur Ihrer "Effektivität". Als Ihr ständiger persönlicher Begleiter ist es nahezu Ihr zweites Gedächtnis, Ihr mobiles Büro, Ihre Datenbank im Kleinformat.

Durch den ständigen Einsatz und die Anwendung eines Lebensplanbuches kann Ihre tägliche Aktivität effektiver gesteuert und überwacht werden. Dadurch fördern Sie Ihre Zufriedenheit und Ihr Lebensglück -- die beste Erfolgsgrundlage.

Zeit- und Lebensmanagement nach System

Auf Seite 120 ist das *idé Zeit- und Lebensmanagement-System TM 2* abgebildet, aus dem die in diesem Buch verwendeten Formulare stammen. Natürlich kann sich jeder selbst ein Buch zur eigenen Zeit- und Lebensplanung anlegen, den vielen Funktionen und Anwendungsmöglichkeiten eines von Zeitmanagement-Experten durchdachten und den tatsächlichen, vielfältigen Bedürfnissen entsprechenden Systems wird es jedoch kaum genügen. Die große Hilfe solcher Organisationshilfen liegt im Detail.

Lebenserfolgsberechnung

Wenn Sie Ihre Wünsche, Ihre Träume erleben wollen, dann können Sie ohne Zeit- und Lebensmanagement nicht auskommen. Sie können alles erreichen und realisieren, was Sie sich vorstellen. Lebenserfolg können Sie auch "berechnen":

$$\frac{\text{Wünsche, Ziele} \quad \text{x} \quad \text{Aufmerksamkeit}}{\text{innere Blockaden und äußere Grenzen}} = \text{Erfolg}$$

Erkennbares System

Sie sehen, wie wichtig die ersten sechs hier vorgestellten Schritte sind. Sie erhöhen die Wunschkraft, präzisieren das Ziel und vermindern die inneren Blockaden und vermeintlichen äußeren Grenzen. Bewußtes Lebensmanagement erhöht den Lebenserfolg. Zeitplanung als siebter und letzter Schritt schult Ihre Aufmerksamkeit für Ihre speziellen Aktivitäten.

Zukunftsperspektive

Praktizieren Sie die hier vorgestellten sieben Schritte, führen Sie ein Lebensplanbuch und handeln Sie danach. Verbuchen Sie nicht nur Ihre Wünsche, Ziele, Aufgaben, Probleme, sondern auch Ihre Erfolge. Glück und Harmonie resultieren daraus. Eine erfolgversprechende Perspektive für Ihre Zukunft.

Lieber Leser!

Wenn Sie weitere Informationen zu geistigen Gesetzmäßigkeiten - insbesondere zum positiven Denken oder visionären Denken - wünschen, so schreiben Sie an:

POSITIV-CENTRUM
Dieter F. Ahrens
Buntentorsteinweg 29

2800 Bremen 1 (Telefon 0421 - 55 20 70)

Das POSITIV-CENTRUM ist der Sitz der Vereinigung positiv denkender Menschen (kurz POSITIV e.V.). Ziel dieser im ganzen deutschen Sprachraum tätigen Vereinigung ist die Förderung und Verbreitung einer positiven Lebenseinstellung und Einsicht in bisher nicht genutzte geistige Potentiale des Menschen. Die referierenden Spezialisten gehören den verschiedensten Fachbereichen an.

Überall im deutschsprachigen Raum werden POSITIV-Kreise gebildet, die dem POSITIV-CENTRUM angeschlossen sind. 35 Kreise gibt es bereits. Sie bieten allen Interessenten die Möglichkeit, über Fragen und Methoden geistig-seelischer Entfaltung und der Bewußtseinserweiterung zu sprechen. Die praktische Anwendung der Methoden steht im Vordergrund der Arbeit.

Die Vereinigung positiv denkender Menschen beruft sich bei Ihrer Arbeit nicht auf einen Autor oder eine Lehre, sondern versucht die Kernaussagen, Nutzen und Vorteil, der verschiedenen Lehren und ihrer Vertreter gegenüberzustellen, um den gemeinsamen Nenner für die praktische Umsetzbarkeit herauszufinden.

Die Vereinigung POSITIV bezieht keine gegensätzliche Position zu bereits bestehenden Organisationen. Die Mitgliedschaft ist deshalb auch für Menschen interessant, die schon einer Gruppierung angehören, sich aber darüber hinaus mit den Zielen der Vereinigung positiv denkender Menschen identifizieren können und zum Erfolg dieser Organisation beitragen möchten. Der Monatsbeitrag beträgt DM 10,-. Hierfür erhält das Mitglied Informationen zur praktischen Anwendung geistiger Methoden zur Lebensentfaltung im täglichen Leben sowie eine regelmäßig erscheinende Zeitschrift.

Regelmäßige Veranstaltungen wie Vorträge und Seminare werden im POSITIV-CENTRUM und im Verbreitungsgebiet durchgeführt, zu denen die Mitglieder ermäßigte Eintrittsgebühren zahlen. Die Schulungsleiter des POSITIV-CENTRUMS halten auf Wunsch auch Vorträge und Seminare in Firmen und Organisationen. Fordern Sie Unterlagen an. Bitte legen Sie einen frankierten Rückumschlag bei (DIN A 5, frankiert mit 1.30 DM). Ich freue mich sehr über Ihr Interesse und hoffe, Sie irgendwann einmal persönlich begrüßen zu dürfen.

Mit den besten Wünschen für Ihre Zukunft - Ihr Dieter F. Ahrens